Originaltitel:
IMAGENES DE LA FE.
ICONOGRAFÍA DE LA CATEDRAL
DE MALLORCA,
Palma, 2007,
von Domkapitular
Pere-Joan Llabrés Martorell (†),
mit einem Vorwort von Joan Darder Brotat

Übersetzung aus dem Spanischen:
(c) Hans-Michael Dolle

Herausgeber:
(c) Domkapitel der Kathedrale
von Mallorca

Leiter der Herstellung:
José E. Capote

Artdirektor:
Eduardo Pineda

Gestaltung:
www.edopine.com

Fotograf:
José Luis Manríquez

Druck:
aimprenta (by Taller Gràfic) · www.aimprenta.com
Tel. +34 971 919 000

Printed in Spain

ISBN 978-84-611-9740-8
PM 2522-2007

Die Kathedrale von Mallorca, Bilder des Glaubens

IKONOGRAPHIE DER KATHEDRALE VON MALLORCA

Pere Joan Llabrés Martorell

VORWORT

In Ihren Händen, verehrter Leser, halten Sie einen exzellenten Führer, der es Ihnen erleichtert, sich an den Figuren, Gemälden und Kirchenfenstern unserer Kathedrale zu erfreuen, diese auch zu verstehen und sich vielleicht zum Gebet anregen zu lassen.

Kunst, Glaube und Geschichte verschmelzen hier zu einem lebendigen und geistvollen Ganzen. Bild und Wort ergänzen einander.

Der 2006 verstorbene Autor, Pere-Joan Llabrés i Martorell, hinterlässt uns auf diesen Seiten ein Testament zugunsten seiner geliebten Kathedrale, von dem auch alle Besucher, die in ihr beten oder einfach ihre Schönheit bewundern wollen, profitieren können. Domherr Llabrés war ein angesehener Liturgiewissenschaftler in Forschung und Lehre sowie ein Kenner und Liebhaber der Sprache, Kunst und Geschichte, insbesondere was die Lokalkirche auf Mallorca betrifft. Sein Buch eröffnet Ihnen zwei Zugänge - entweder lassen Sie sich auf die thematische Abfolge ein, die im Inhaltsverzeichnis deutlich wird, oder Sie wählen nach Interesse ein Thema oder eine Person aus, wie z.B. Marienverkündigung oder hl. Petrus. Im ersten Fall lässt uns Prof. Llabrés Passagen der Bibel und Momente der Heilsgeschichte der katholischen Kirche in der Ikonographie dieser Kathedrale wiederfinden. Gehen wir jedoch auf Suche nach einem bestimmten Thema oder einer Person, so öffnet sich uns der Blick auf das reichbevölkerte Paradies, das der mallorquinische Dom beherbergt.

Unsere Kathedrale – so sagt uns der Autor – soll in *„Entwurf und Bau [...] den Glauben vermitteln und die Erlösung sichtbar werden lassen. Der Glaube an Jesuschristus tritt in ihrer Kunst hervor, ist in ihr selbst zur Kunst geworden"*.

Domherr Llabrés war es nicht vergönnt, das von Nils Burwitz für das Erdgeschoss des Glockenturms entworfene Kirchenfenster vollendet zu sehen, auch nicht die Verglasung der Allerheiligstenkapelle durch Miquel Barceló. Ihnen bietet sich die Gelegenheit, diese in Natur oder auf gesonderten Ansichtskarten zu sehen.

Ich wünsche Ihnen viel Freude und Gewinn mit diesem Buch.

Joan Darder Brotat
Dompropst von Mallorca

Einführung

Das Hauptportal begrüßt uns mit der Inschrift: "Hier ist wahrhaftig das Haus Gottes, das Tor des Himmels". Es sind die Worte Jakobs (Gen 28, 17), erwacht von einem Traum, der ihn eine Leiter sehen ließ, die von der Erde bis an den Himmel reichte: Beredtes Sinnbild der Gegenwart Gottes unter den Menschen sowie der Einladung, hinaufzusteigen in das Reich des immerwährenden Glücks, wo "Gott allein der Herr [ist], der alles und in allen wirkt" (1 Kor 15, 28).

Ein jeder christlicher Tempel ist Ausdruck dieser Spannung zwischen dem Sichtbaren und dem Unsichtbaren, dem Irdischen und dem Transzendenten, dem "heute" und dem "morgen", der Sehnsucht und der Fülle, dem Zeltlager der Pilger und der ewigen Stadt.

Das Gotteshaus des himmlischen Jerusalem findet im Kirchengebäude auf Erden sein Sinn- und Ebenbild. So können wir mit Gewissheit sagen: "Jetzt wohnt Gott bei den Menschen! Er wird bei ihnen bleiben, und sie werden sein Volk sein. Gott selbst wird als ihr Gott bei ihnen sein. Er wird alle ihre Tränen abwischen" (Offb 21, 3-4).

Foto: Aussenansicht der Kathedrale

Noch lebhafter und wirksamer zur Geltung kommt das Bild des himmlischen Jerusalem in der Kathedrale, Mutterkirche der christlichen Gemeinde vor Ort, in der sich Leben und Wirken der einen, heiligen und universellen Kirche manifestiert.

Ein weiteres Sinnbild für das Kirchengebäude erwächst aus seiner Funktion als Gemeinschaftsraum der christlichen Gemeinde, wie es im griechischen Wort *ecclesia* anklingt, das die Zusammengerufenen meint, woraus dann im christlichen Verständnis die von Gott berufene Gemeinschaft wird. Diese Kirchenhäuser sind Sinn- und Ebenbild der himmlischen Kirche, dem Leib des Herrn, dem Tempel Gottes, erbaut aus lebenden Steinen, uns Gläubigen.

All diese Symbolik: das himmlische Jerusalem, der lebendige Tempel Gottes, den wir Gläubige als lebende Steine bilden, estrahlt in der Kathedrale von Mallorca wieder - in ihren Mauern, Säulen und Gewölben, in Steinhaukunst und in vielfarbigen Fenstern. Man kann sich ihrer erfreuen in den liturgischen Feiern, den Gesten der Zelebranten, dem Gesang und der Musik der Instrumente, umgeben von Architektur, Gemälden und Skulpturen verschiedenster Stilrichtungen von oftmals beeindruckender Perfektion.

Hier ist das Zuhause, das Vater- und Mutterhaus, der Gemeinschaft der Gläubigen in Christus, die auf dieser Insel ihr Leben durchwandern, sich an diesem Ort versammeln, um in Gebet und Verkündigung, vereint im Heiligen Geist, die Erlösung zu feiern und an sich zu erfahren, die der Vater uns durch Leben, Tod und Verherrlichung seines Sohnes schenkt.

Die Kathedrale ist nicht einfach irgendein Gebäude, ebensowe-

nig nur ein Baudenkmal, derer viele sind. Es war der christliche Glaube, der den Baumeistern die Hand geführt und das Genie der Künstler inspiriert hat, und er ist es, der die Feier der Gemeinschaft der Gläubigen beseelt.
In ihrem Innenraum finden sich zu Bildern verdichtet der Glauben wieder, den wir dort verkünden, die Erlösung, die wir feiern, ja die religiösen Gebräuche eines ganzen Volkes. Entwurf und Bau der Kathedral sollen den Glauben vermitteln und die Erlösung sichtbar werden lassen. In allem verkündet sie den Glauben und das Heil, wie wir sie feiern. Der Glaube an Jesuschristus tritt in ihrer Kunst hervor, ist in ihr selbst zur Kunst geworden.

Sehen wir nun Schritt für Schritt, wie die Heilsgeschichte von den Anfängen bis zu ihrem Ende, vom *Alpha* bis zum *Omega*, das Jesus Christus selbst ist, im Innen und Außen der Kathedrale von Mallorca ihren Niederschlag gefunden hat und zur Betrachtung einlädt.

Foto: Innenraum der Kathedrale

Die Kathedrale von Mallorca, Bilder des Glaubens

IKONOGRAPHIE DER KATHEDRALE VON MALLORCA

Fotos: Kirchenfenster des Hauptschiffs

1. DAS HEIL IM ALTEN BUND

Der Schöpfergott: Alles hat er gut getan

Das Universum nahm im Schöpferwort Gottes seinen Ausgang. "Da befahl Gott: 'Licht soll ausstrahlen!', und es wurde hell". (Gen 1, 3). Der poetisch-symbolische Schöpfungsbericht des ersten Buches der Bibel stellt das Wort Gottes an den Anfang der Erschaffung der ganzen Welt.

Die Kathedrale von Mallorca steht über dem Meeresufer, bei Tage umgossen vom Licht der mediterranen Sonne und in der Nacht umhüllt vom sanften Schein des Mondes und dem Sternenlicht; am Rande einer Insel, wo sich alle Schönheit der Schöpfung zeigt und miteinander harmoniert. Die Fenster des Hauptschiffes der Kathedrale stimmen ein Loblied auf die Schöpfung an, gleich jenem Gesang der drei Männer, Hananja, Asarja und Mischaël, im Feuerofen Babylons, in den man sie wegen ihrer Glaubenstreue warf (Dan 3, 52-90). Die Schönheit der Geschöpfe Gottes kommt im weiten Raum der Kathedrale voll zur Geltung und so erwecken die Fenster mit ihren lebhaften Farben auch in uns Lob und Preis des Schöpfers: Licht und Finsternis; Sonne, Mond und Sterne; Tag und Nacht; die Erde; Eis und Schnee, Berge und Hügel, die Quellen; die Vögel; wilde und gezähmte Tiere, die Fische und alle Wassertiere... Auch die Engel und die Himmel, und das Volk der Israeliten, das auserwählte Volk im ersten Bund, sollen den Herrn rühmen.

Gott schuf den Menschen, Mann und Frau

Er erhielt den Namen Adam, was Mensch heißt, und sie den Namen Eva: Mutter aller Menschen. Die Stammeseltern sind in dem Glasfenster über der Kapelle der Kreuzabnahme zu sehen; sie stehen zu beiden Seiten des Baumes der Erkenntnis, dessen Frucht sie gegen das Geheiß Gottes essen, wodurch sie in Sünde fallen in den Anfangszeiten der Geschichte (Gen 3, 20). Dieser erste Baum wird jedoch von einem anderen überragt, dem der Verheißung an David, und darüber erhebt sich noch der Baum des Kreuzes. Der hier Gekreuzigte wird der neue Adam sein, der mit seinem Sterben unseren Tod vernichtet und mit seiner Auferstehung uns neues Leben geschenkt hat.

Foto: Kirchenfenster v. J.B.Castro, über der Kreuzabnahme-Kapelle

Die Geschichte der Urväter und der Propheten, die das Kommen Jesu ankündigen

Der alte Bund, geschlossen mit den Urvätern – vor allem Abraham, Isaak und Jakob – dann, mit Moses beginnend, überliefert und eingehalten durch die Propheten, findet in Jesus seine Erfüllung: Er ist der Gesalbte, der König, der Priester und das Wort des väterlichen Willens.

Für die kleine Kanzel auf der Epistelseite, von der man das Alte Testament und die Apostolischen Briefe verlas, ließ Antoni Gaudí aus Stein einen reichverzierten Schalltrichter meißeln, der Propheten und Apostel zeigt und oben in eine der bedeutsamsten Szenen des Alten Testamentes mündet: Abraham, bereit seinen Sohn Isaak als Opfer darzubringen (Gen 22, 1-18); vor ihnen das Lamm, das an Stelle des Sohnes geopfert wird, Symbol Jesu Christi, hingegeben als Osterlamm auf dem Gipfel der geschichtlichen Zeit. Das Kreuz des wahren Opfers schließt die symbolträchtige Szene krönend ab.

Auf den Fenstern der Seitenschffe entfalten sich die Prophezeiungen über Jesus Christus aus dem ersten Teil der Bibel: die Segnung des Sem durch Noach (Gen 9, 26-27), die Geschichten von Abraham, von Jakob, von Moses, der das auserwählte Volk durch die Wüste führt, von David, dem Gott ein ewiges Königtum zusagt (2 Sam 7, 1-16), von Jesaja, der die jungfräuliche Geburt des Immanuël ankündigt (Jes 7, 10-14) und das Leiden des Gottesknechtes (Jes 53, 1-12), von Ezechiël, der den guten Hirten prophezeit (Ez 34, 10-16) und von Joël, der die Ausschüttung des Hl. Geistes vorhersagt (Joël 3, 1-2). Ein weiteres Fenster kündet vom Königtum des Messias, das im 2. Psalm besungen wird, und ein anderes von der Hochzeit des König-Messias mit der Kirche, nach Psalm 44.

Foto: Kirchenfenster vom Guten Hirten, über der Josef-Kapelle

Fotos: Wandteppiche

Die Wandteppiche mit den Geschichten von Jakob, Tobias und Nebukadnezzar

Elf Wandteppiche aus flämischen Manufakturen des ausgehenden 16. Jh. schmücken verschiedene Stellen der Innenwände der Kathedrale. Sie stellen Szenen aus dem Leben Jakobs dar, die dem Buch der Genesis entnommen sind, erzählen von Tobias aus dem gleichnamigen Buch und vom babylonischen König Nebukadnezzar, so wie ihn der Prophet Daniel schildert. Jakob bekommt den Segen von Isaak durch eine Täuschung (Gen 27, 1-29); auf seiner Flucht hat er den Traum von der Himmelsleiter (Gen 28, 11-19), und er trifft auf Raquel, in die er sich verliebt (Gen 29, 1-14). Tobit wird mit seiner Erblindung hart geprüft (Tob 2, 9-10), sein Sohn Tobias fängt im Fluß Tigris unter Beistand des Erzengels Raphael einen großen Fisch und nach der Hochzeit veabschiedet er sich von seinen Schwiegereltern, Ragüel und Edna, um mit seiner Frau Sara nach hause zurückzukehren (Tob 6, 1-5; 7, 8-14; 10, 8-14).

Von Nabukadnezzar erzählen die Teppiche, wie der heidnische König anordnet, ein großes Standbild aus Gold sei anzubeten, und wie die drei hebräischen Jünglinge sich dem widersetzen, weshalb sie in den Feuerofen geworfen werden, Gott sie aber vor den Flammen verschont und sie inmitten der Feuerglut heil und unversehrt das Loblied auf die Schöpfung anstimmen (dargestellt in den Fenstern des Zentralschiffes, wie wir sahen) (Dan 3). Auf einem anderen Teppich ist der Traum vom hohen Baum zu sehen, den Daniel gedeutet hat, und die Heilung des Königs, der seinen verlorenen Verstand wiedererlangt (Dn 4).

Das Gesetz des Herrn wird unter grosser Ehrfurcht in der Synagoge verlesen

Foto: Rimonim

Aus rechtsgültiger Schenkung bzw. Erwerb bewahrt die Kathedrale von Mallorca seit 1493 die beiden ältesten *Rimonim* der Welt auf. Sie stammen aus dem 14. Jh. und gehörten einst der Synagoge von Cammarata, auf Sizilien, aus dem die Juden in dem genannten Jahr durch König Fernando von Aragon vertrieben wurden. Sie sind in Form von Türmen aus ziseliertem Silber gefertigt und mit Inschriften aus Psalm 18 versehen, die dem Gesetz des Herrn gelten. Die *Rimonim* dienten als Endstücke der Stäbe für die Schriftrollen, die zur Torahlesung in der Gemeindeversammlung am Sabbath benutzt wurden. Sie sind im Dommuseum zu besichtigen. Für uns Christen geben sie Zeugnis von der Ehrfurcht, mit der das Wort des Herrn zu lesen ist, das zum Licht für unsre Wege wird (Ps 118, 105), Wort, dem wir folgen und das wir in unserem Herzen bedenken wollen (Lk 8, 21; 2,19).

II. DIE HARMONIE ZWISCHEN ALTEM UND NEUEM BUND

So wie unser Meister erkennen auch wir Jünger von Jesus von Nazaret die Gesetzesbücher, die Bücher der Psalmen und der Propheten als verehrungswürdige Worte der göttlichen Offenbarung an. Alles, was sie uns zu sagen haben, setzen wir in Beziehung zur "Fülle der Zeiten", in der die Verheißungen an die Väter und Propheten Israels in Erfüllung gingen. Die Beziehung, in der die beiden biblischen Bundschlüsse miteinander stehen, drückt das 2. Vatikanum so aus: "Gott, der die Bücher beider Bünde inspiriert hat und ihr Urheber ist, wollte in Weisheit, daß der Neue im Alten verborgen und der Alte im Neuen erschlossen sei. Denn wenn auch Christus in seinem Blut einen Neuen Bund gestiftet hat, erhalten und offenbaren die Bücher des Alten Bundes, die als Ganzes in die Verkündigung des Evangeliums aufgenommen wurden, erst im Neuen Bund ihren vollen Sinn, wie sie diesen wiederum beleuchten und deuten" (Dogmatische Konstitution über die göttliche Offenbarung "Dei Verbum", 16).

Die Geschehnisse des Alten Bundes waren ein "Beispiel", ein "Bild", ein "Zeichen" dessen, was in Christus zur Fülle gelangen sollte und was jetzt in der Kirche sakramental wirksam und wirklich wird. Alter und Neuer Bund bilden gemeinsam eine einzige Heilsgeschichte. Das wird uns seit der nachkonziliaren Liturgiereform in den sonntäglichen Bibellesungen deutlich: die erste, dem Alten Testament entnommene Lesung ist prophetische Vorwegnahme des

Fotos: Flachreliefdarstellungen im Chorgestühl

Evangeliums, das wir im Wortgottesdienst verkünden.

Um das Chorgestühl der Kathedrale auszuschmücken, entwarf im 16. Jh. der Domherr Gregori Genovard Flachreliefarbeiten für die Bedachung eines jeden Sitzes, die abwechselnd Szenen aus dem Alten und dem Neuen Testament darstellen. So sehen wir z.B. im ersten Relief - zu unserer Linken – das Mahl Abrahams mit den drei Engeln (Gen 18, 1-15), und im zweiten das Abendmahl Jesu mit den Aposteln (Mk 14, 22-25); gegen Ende der rechten Stuhlreihe finden wir das Thema der Gesetzestafeln, die Moses auf dem Sinai von Gott erhält (Ex 20), und daneben ist die Ausschüttung des Hl. Geistes am Pfingstsonntag über Maria und die Apostel abgebildet, mit der das Neue Gesetz in ihre Herzen eingeschrieben blieb (Apg 2, 1-4).

Im hinteren Chorgestühl rechts hat der Maler Josep M. Jujol (künstlerischer Mitarbeiter Gaudís) mit symbolischen Figuren das Blut Christi dargestellt, wie es zu Boden fällt, in Anlehnung an die Schweißtropfen Jesu im Olivengarten (Lc 22, 44). Aus diesem Blut geht ein neuer Frühling auf Erden hervor, weshalb im Anschluss daran die Fahne der Auferstehung zu sehen ist: diese Bilder liefern eine Auslegung zu den oben verlaufenden Flachreliefs mit ihren Szenen der Passion und Auferstehung des Herrn.

Foto: Die 7 Freuden Mariens im gotischen Altar

III.
DER NEUE UND EWIGE BUND, DESSEN MITTLER JESUS IST

1.
Zwei Ausblicke auf den Neuen Bund: Das siebenfache Lob Mariens

Eine auf Mallorca seit dem Mittelalter sehr verwurzelte Form der Andacht, die bereits vom sel. Ramon Llull gepflegt wurde, ist das siebenfache Lob Mariens. Dieses Gebet geht mit der Betrachtung der sieben Freuden einher, die die hl. Jungfrau Maria im Leben ihres geliebten Sohnes fand. In der Kathedrale sind zwei Darstellungen zum siebenfachen Lob zu sehen.

Der Untersatz des gotischen Hochaltars von Pere Morey aus dem 14. Jh., den Antoni Gaudí 1904 abbaute, um den Bischofstuhl freizulegen, und an das Mirador genannte Seitenportal verlegte, zeigt in sieben Flachreliefarbeiten folgende Themen: Die Verkündigung des Engels an Maria, die Geburt Jesu, die Anbetung der hl. drei Könige, die Auferstehung des Herrn, die Himmelfahrt, die Ausschüttung des Hl. Geistes über Maria und die Apostel und die Entschlafung sowie Verherrlichung der Jungfrau (die im Mittelpunkt steht). Eine weitere Darstellung der siebenfachen Freuden findet sich an der grossen Kanzel aus dem 16. Jh.. Hinzutreten hier zwei Szenen aus dem Leben Marias, die den apokryphen Evangelien entnommen sind. Die Umarmung ihrer Eltern Joachim und Anna vor dem goldenen Tor des Tempels und die Geburt Mariens. Abbildungen des hl. Joachim und der hl. Anna finden wir auch im Grada-Altar und auf einem Gemälde der Immaculata-Kapelle.

Foto: Hauptportal

2. Die Unbefleckte Empfängnis Mariens

Es ist das klare Morgenlicht der Erlösung, ohne Fehl und Sünde, das Jesus Christus auf die Welt gebracht hat. Gottvater schuf und erwählte ein Geschöpf, eine Frau voll der Gnade, auf daß es Mutter seines zu den Menschen gesandten Sohnes werde. Der Sohn Gottes, Fleisch geworden, um die Sünde der Welt hinwegzunehmen, erlöste seine Mutter vorweg von der Sünde, als sie frei von Erbschuld empfangen wurde, wie es der katholische Glaube verkündet.

Die Verehrung der Unbefleckten Empfängns Mariens hat eine lange Tradition auf Mallorca. Sie beginnt mit der Lehre des sel. Ramon Llull, der als erster diesen Gnadenerweis Mariens an der Universität zu Paris lehrte. Im Jahre 1601 wurde das Hauptportal der Kathedrale der Jungfrau Maria gewidmet. 1643 erhob man sie zur Schutzpatronin des Königreichs Mallorca. Maria präsidiert das Hauptportal in einer Darstellung, die der Himmelserscheinung im 12. Kapitel des Buches der Offenbarung folgt: Gekrönt mit zwölf Sternen und den Mond unter den Füssen. Umgeben wird sie darüberhinaus von Symbolen aus dem Alten Testament und der Liturgie der Kirche, die von der Reinheit und Heiligkeit ohnegleichen der Muttergottes künden: Auserwählt als Sonne, Tempel Gottes, stolze Zypresse, wohlduftende Lilie, Brunnen des Lebenswassers, Stadt Gottes, makelloser Spiegel, strahlender Stern, Schönheit des Mondes, Tor des Himmels, Rosenstock aus Jericho, Palme inmitten der Wüste, versiegelte Quelle, verschlossener Garten, Elfenbeinturm.

Die erste Seitenkapelle (links vom Eingang) ist im 18. Jh. ebenfalls der Unbefleckten Empfängnis geweiht worden. Ihre Zentralfigur folgt dem Modell der Fassade. Wir sehen Maria als "eine Frau, die war mit der Sonne bekleidet, hatte den Mond unter den Füssen und trug auf dem Kopf eine Krone von zwölf Sternen" (Offb 12, 1). Sonnenstrahlen und Sternenkrone sind Silberarbeiten.

Am Eingang der Chorknabenkapelle *(capilla dels vermells)* hängt derzeit ein sehr schönes Bild der Jungfrau von dem berühmten Maler Guillem Mesquida (1740), das zu bestimmten Zeiten vor das Zentralbild des Altares gestellt wurde.

Eine kleine Immaculatastatue steht im Giebelfeld des Almosenportals (16. Jh.).

Foto: Zentralfigur in der Kapelle von der unbefl. Empfängnis

3.
Die Verkündigung an Maria

Die Szene aus dem Lukasevangelium (Lk 1, 16-38) mit der Verkündigung des Engels Gabriel an Maria von Nazaret, sie werde Mutter des Messias, des Gottessohnes, sein, ist mehrfach in der Kathedrale dargestellt. Zunächst in zwei Skulpturen, die auf beiden Seiten der Königskapelle, in Höhe des mittleren Gewölbeansatzes, auf Konsolen stehen. Beide gotischen Figuren aus dem 14. Jh. zusammen geben diesem Geheimnis sichtbaren Ausdruck. Rechterhand trägt der Erzengel der Jungfrau aus Nazaret die erste Verkündigung der Menschwerdung des Gottessohnes zu: Du wirst schwanger werden und einen Sohn zur Welt bringen. Dem sollst Du den Namen Jesus geben. Er wird groß sein und wird >Sohn des Höchsten< genannt werden. Gott der Herr wird ihm das Königtum seines Vorfahren David übertragen... Seine Herrschaft wird nie zu Ende gehen. Linkerhand lauscht Maria dem Gruß und der Verkündigung des Gottesboten und antwortet: Ich will ganz für Gott da sein. Es soll so geschehen, wie du es gesagt hast. (Lk 1, 31-33, 38).

Die selbe biblische Szene findet sich in Stein gehauen an der kleinen Kanzel wieder, im Torbogen des alten Chores (16. Jh.), von Gaudí an den Eingang der Chorknabensakristei verlegt, und im Obergeschoss des Hieronymusaltares (17. Jh.). Im Dommuseum sind außerdem zwei wunderschöne, mehrfarbige gotische Marmorstatuen des Engels und Marias ausgestellt (14. Jh.) sowie eine gotische Tafel von Pere Terrencs (15. Jh.).

Foto: Verkündigungsjungfrau in der Königskapelle

Foto: Verkündigungsengel Gabriel in der Königskapelle

4. Maria besucht Elisabet

Bald nach der Verkündigung des Engels machte sich Maria entschlossen auf den Weg in die Berge, um ihrer Verwandten Elisabet von dem freudigen Ereignis zu erzählen (Lk 1, 39-56). Diese, vom Geist Gottes erfüllt, begrüßt sie als Mutter Gottes. Du bist gebenedeit unter den Frauen und gebenedeit ist die Frucht deines Leibes... Du darfst dich freuen, denn du hast gegelaubt! Maria antwortete auf die Worte Elisabets, indem sie das große Dankgebet Magnifikat anstimmte. Meine Seele preist die Größe des Herrn, und mein Geist jubelt über Gott, meinen Retter. Denn auf die Niedrigkeit seiner Magd hat er geschaut. Siehe, von nun an preisen mich selig alle Geschlechter! Denn der Mächtige hat Großes an mir getan, und sein Name ist heilig. Er erbarmt sich von Geschlecht zu Geschlecht über alle, die ihn fürchten. In der Kathedrale werden zwei Darstellungen des Besuches der Jungfrau Maria bewahrt und verehrt: Ein Relief im Chor (16. Jh.) und ein Gemälde im Untersatz des Altars Unserer Lb. Frau von Grada, vermutlich Werk des Künstlers Gaspar Oms (17. Jh.).

Foto: Maria besucht Elisabet

Foto: Darstellung des Herrn aus dem Corpus-Christi-Altar

5. Die Geburt Jesu und seine Kindheit

Jesus, Sohn Gottes und Sohn der Jungfrau Maria, kam in Betlehem zu Juda auf die Welt (Mt 1, 25.2, 1-12; Lk 2). Wir feiern dieses Geheimnis zur Weihnachtszeit. Da es in der Herberge keinen Platz mehr für sie gab, legte Maria ihren erstgeborenen Sohn in eine Krippe, unter den liebevollen Blicken Josefs und begleitet vom Gloriagesang der Engel, die es den Hirten verkündeten, schließlich in Anbetung verehrt von den hl. drei Königen, die von einem Stern geleitet aus dem Morgenland kamen, nach vierzig Tagen in den Tempel von Jerusalem gebracht, um ihn Gott zu weihen, wo ihn Simeon auf die Arme nahm und ihn Licht der Nationen und Ehre des Volkes Israel nannte. Mit zwölf Jahren nahmen ihn seine Eltern mit zum Paschafest in Jerusalem und er blieb drei Tage bei den Gesetzeslehrern, "hörte ihnen zu und diskutierte mit ihnen". Die Kathedrale folgt in einem Bilderreigen diesen Episoden von Geburt und Kindheit Jesu. In der Grada-Kapelle sehen wir auf dem Altaruntersatz eine Darstellung der Geburt Jesu aus dem Atelier der Malerfamilie Oms (17. Jh.). Geburt und Anbetung der Weisen aus dem Morgenland finden sich auch auf Leinwänden des 18. Jh. in der Pietà-Kapelle. Zum Weihnachtsfest wird vor dem Presbyterium eine Skulpturengruppe von Remígia Caubet aufgestellt: das Jesuskind mit Maria und Josef (20. Jh.). Die Darbringung im Tempel, in den Armen von Maria und Josef, nimmt eine hervorgehobene Stelle in einer Zentralnische des Corpus-Christi-Altares ein. Jesus inmitten der Schriftgelehrten des Tempels erkennen wir im Torbogen des alten Chores am Eingang der Chorknabenkapelle wieder.

6.
Der hl. Josef, Vater Jesu nach dem Gesetz

Josef, aus der Stammeslinie des Königs David, ein gerechter Mann, nahm Maria zur Frau, und Gesetz und Volksmeinung sahen in ihm den Vater Jesu, gezeugt durch Einwirkung des Hl. Geistes und alleiniger Sohn Gottes und der Jungfrau Maria. Im Traum wird ihm vom Engel aufgetragen, dem Sohn seiner Frau den Namen Jesus zu geben, denn er wird sein Volk von aller Schuld befreien.

Josef war der Beschützer Jesu, in Betlehem, während des Exils in Ägypten und in Nazaret. Er übte das Handwerk des Zimmermanns aus. Der menschgewordene Sohn Gottes wuchs im Haus von Josef und Maria auf. Dort nahm er weiter zu an Jahren wie an Verständnis, und Gott und die Menschen hatten ihre Freude an ihm. In jener hl. Familie gehorchte Jesus willig seinen Eltern Josef und Maria (Mt 1, 18-25; 2, 1-23; Lk 2, 51).

Die älteste Darstellung des hl. Josef in der Kathedrale finden wir im Altar des hl. Hieronymus (Anfang 17. Jh.). Doch ist dem hl. Ehemann Marias auch eine eigene Kapelle gewidmet, deren Altaraufsatz (19. Jh.) von seinem Bild präsidiert wird. Sein Tod, umgeben von Jesus und Maria, ist in der Predelle zu sehen. In den oben beschriebenen Szenen von Geburt und Kindheit Jesu sowie im Torbogen zur Pietà-Kapelle ist die Figur des hl. Josef natürlich auch immer gegenwärtig.

Foto: Josef mit dem Kind im Hieronymus-Altar

7.
Der hl. Johannes, der Täufer

Foto: Johannes d. T. im Mirador-Portal

Sohn des Zacharias und der Elisabet. Die Geburt des Kindes war seinem Vater angekündigt worden mit den Worten: Er wird dem Herrn als Bote vorausgehen, im gleichen Geist und mit der gleichen Kraft wie der Prophet Elija... und so dem Herrn ein Volk zuführen, das auf sein Kommen vorbereitet ist. Er ist ein Vetter von Jesus und bewegte sich bereits freudig im Leib seiner Mutter, als Maria ihre Verwandte Elisabet besuchte. Bei seiner Geburt sprach sein Vater die prophetischen Worte: Ein Prophet des Höchsten wirst du sein, weil du dem Herrn vorausgehen wirst, um den Weg für ihn zu bahnen. Das Kind wuchs heran und nahm zu an Verstand. Später zog er sich in die Wüste zurück bis zu dem Tag, an dem er unter dem Volk Israel offen mit seinem Auftrag hervortreten sollte (Lk 1, 5-25.57-80). Er ging an den Jordan und verkündete dort dem Volk: Bekehrt euch, denn das Himmelreich ist nahe! "Johannes trug ein

Gewand aus Kamelhaaren mit einem Ledergürtel. Seine Nahrung bestand aus Heuschrecken und Honig von wilden Bienen." Leute aus allen Gegenden kamen, um ihn zu hören. Sie gaben offen ihre Verfehlungen zu und ließen sich von ihm im Jordan taufen. Auch Jesus kam von Galiläa her. Trotz dessen Widerstandes wollte Jesus sich von Johannes taufen lassen. Als er aus dem Wasser stieg, öffnete sich der Himmel und der Geist Gottes kam wie eine Taube auf ihn herab und man hörte die Stimme des Vaters: Dies ist mein Sohn, ihm gilt meine Liebe! Johannes zeigte auf Jesus, den Messias, der unter den Menschen weilte. Dieser ist das Opferlamm Gottes, das die Schuld der ganzen Welt wegnimmt! Alle vier Evangelien berichten von der Person und dem Auftrag Johannes, den Herodes köpfen ließ, und der so den Leidensweg dessen vorwegnahm, den er als Vorläufer angekündigt hatte (Mt 3, 1-17; 14, 1-12; Mk 1, 2-11; 6, 14-29; Lk 3, 1-22; Joh 1, 6-8.15.19-35; 3, 22-30; 4, 1; 5, 31-35; 10-40-42).

In der Kathedrale wird die Verehrung für die Person Johannes des Täufers im Altarraum sichtbar. An der linken Seitenwand sehen wir seine vielfarbig auf goldenem Untergrund bemalte Skulptur, ursprünglich Teil des alten Hauptaltars (14. Jh.) und von Gaudí hierher versetzt. Auch im meerzugewandten Mirador-Seitenportal können wir links eine Statue des Herrenvorgängers ausmachen. Im Hauptportal schließlich ist er im Timpanon, rechts von der Immaculata dargestellt. Desweiteren wird im Corpus-Christi-Altar (17. Jh.) eine Johannesfigur verehrt. Es gibt auch ein Gemälde des Künstlers Guillem Mesquida (18. Jh.) von ihm in der Marien-Kapelle; so dann noch eine vielfarbige Skulptur in der Sankt Peter Kapelle, die links des Haupteingangs in der Fassasdenwand liegt und Werk des Künstlers Adrià Ferran (ca. 1812) ist.

Foto: Johannesskulptur von Adrià Ferran in der Petrus-Kapelle

Foto: Taufe des Herrn von L.A. Planes

8.
Jesus wird von Johannes im Jordan getauft

Die vier Evangelien (Mt 3, 13-17; Mk 1, 9-11; Lk 3, 21-22; Joh 1, 32-34) berichten vom Auftreten Jesu als Messias und vom Beginn seiner Verkündigung der Frohen Botschaft, die mit der Taufe einsetzen, die er von Johannes im Jordan erhielt. Gottvater wies ihn als seinen geliebten Sohn aus und der Hl. Geist sank als Taube, die an den Frieden nach der Sintflut erinnert, auf ihn herab. Die Dreifaltigkeit manifestiert sich über den Wassern des Jordan, des Flusses, der den Israeliten den Einzug ins gelobte Land eröffnete, Vorwegnahme des Eintritts in das Himmelreich und der Aufnahme in das neue Gottesvolk für den, der von Wasser und Geist neu geboren wird (Joh 3, 5). Die Taufe Jesu im Jordan präfiguriert so das erste christliche Sakrament der Erneuerung und des Wandels. Der Auferstandene wird seine Apostel aussenden: Darum geht nun zu allen Völkern der Welt und macht die Menschen zu meinen Jüngern! Tauft sie im Namen des Vaters und des Sohnes und des Heiligen Geistes (Mt 28, 19). Durch das erste Glaubenssakrament gliedern wir uns in den Körper Christi ein, in seinen Tod und in seine Auferstehung (Röm 6, 3-11), der Vater nimmt uns im einzigen Sohn in Liebe als seine Söhne an und auch auf uns kommt der Heilige Geist herab, der uns versöhnt und Frieden gibt - er ist die in unsere Herzen ausgegossene Liebe Gottes. Im zentralen Gemälde der Taufkapelle der Kathedrale von L.A. Planes (18.Jh.) wird die Taufe Jesu im Jordan geschildert, wie über allem der Vater wacht und der Heilige Geist in der Taube herabschwebt.

Foto: Gemälde von Salvador Torres

9. Die zwölf Apostel

Jesus von Nazaret wählte zu Beginn seiner Verkündigung des Himmelreiches aus seiner Gefolgschaft einen Kreis von zwölf Männern, die er bei sich haben wollte und Apostel nannte. Später wollte er sie aussenden, damit sie die Gute Nachricht verkünden... Die zwölf, die Jesus dafür bestimmte, waren: Simon, dem er den Namen Petrus gab; Jakobus

Foto: Mirador-Portal

und Johannes, die Söhne von Zebedäus, die er Donnersöhne nannte; dazu Andreas, Philippus, Bartholomäus, Matthäus, Thomas, Jakobus, der Sohn von Alphäus, Thaddäus, Simon, der zur Partei der Zeloten gehört hatte, und Judas Iskariot, der Jesus später verriet (Mc 3, 13-19; Mt 10, 1-4; Lc 6, 12-16).

Jesus erwählte sie zu den Patriarchen des neuen Israel, das zu errichten er gekommen war. Sie sind das Fundament des neuen Gottesvolkes (Offb 21, 14).

In zahlreichen Kathedralen und anderen christlichen Kirchen trifft man auf Darstellungen der Zwölfergruppe, oftmals in grossen Portalen oder aber in der Wiedergabe von Szenen aus den Evangelien, wie z.B. beim Abendmahl. Die Planungen für das Mirador-Portal sahen sicherlich eine Apostelgruppe vor. Es blieb beim Abendmahl im Timpanon, wo die zwölf mit Jesus um den Tisch sitzen.

Zu erwähnen sind zwei Gemälde zum Primat des hl. Petrus, dem Jesus die "Schlüssel zum Himmelreich" übergibt - auf ihn will er seine Gemeinde bauen (Mt 16, 17-19). Diese Episode ist in der Predelle des Hieronymus-Altares wiedergegeben und auf der großen Leinwand von Salvador Torres (ca. 1839), die jetzt in einer Kapelle nahe des Hauptportals, vom Eingang links, zu sehen ist.

10.
Die Gleichnisse vom Gottesreich

Ein Kirchenfenster über der Orgel, entworfen von Juan B. Castro (1980), hat eine Reihe von Gleichnissen über das Gottesreich zum Thema. Über allem die einleitenden Worte Jesu. "Wenn Gott seine Herrschaft aufrichtet, geht es ähnlich zu wie ..." und das Gleichnis vom Senfkorn, aus dem ein richtiger Baum wird, in dessen Zweigen die Vögel nisten können (Mt 13, 31-32). Die Hand des Sämanns streut die Körner aus, die zu Boden fallen, auf Felsengrund und in Dornengestrüpp oder auf guten Boden, der Frucht bringt (Mt 13, 3-9). Im mittleren Fensterteil streckt ein Mann jubelnd seine Arme hoch, denn er hat den versteckten Schatz des Gottesreichs gefunden (Mt 13, 44). Weiter unten ist ein Netz zu sehen, mit dem Fische jeglicher Art gefangen wurden, gute und unbrauchbare, die am Ende der Welt aussortiert werden (Mt 13, 47-50). Ganz unten ein Hochzeitsmahl, zu dem Gäste aus allen menschlichen Rassen geladen sind: "Kommt zur Hochzeitsfeier!" (Mt 22, 1-14; 8, 11).

Foto: Kirchenfenster über der Orgel

Foto: Kirchenfenster über der Chorknaben-Sakristei

11. Jesus verspricht der Samaritanerin lebendiges Wasser

In Geschichte und Symbolik der Heiligen Schrift spielt das Wasser eine herausragende Rolle, sowohl im Alten als auch im Neuen Bund. Diesem Thema ist das Kirchenfenster über der Chorknabenkapelle gewidmet.

Im Zentralbereich zwei Schlüsselepisoden: Mose in der Wüste, wie er mit dem Stock an den Felsen schlägt und Wasser herauskommt für das dürstende Volk (Ex 17, 1-7). Am Jakobsbrunnen sehen wir Jesus, den neuen Mose, wie er der Frau aus Samarien lebendiges Wasser verspricht: "Wer aber von dem Wasser trinkt, das ich ihm gebe, wird niemals mehr Durst haben. Ich gebe ihm Wasser, das in ihm zu einer Quelle wird, die ewiges Leben schenkt (Joh 4, 14).

Im unteren Fensterbereich fließt ein Strom lebendigen Wassers, der niemals versiegt. Er schenkt dem Toten Meer Leben und füllt es mit Fischen und Pflanzen - so steht es in der Prophezeiung des Ezechiel (47, 1-12).

Oben der "Fluss mit dem Wasser des Lebens, der am Thron Gottes und des Lammes entspringt" (Offb 22, 1): Sinnbild für die Erlösung, die aus dem Ostergeheimnis Jesu Christi hervorquillt.

12.
Die wunderbare Brot- und Fischvermehrung

Das Gottesreich gleicht einem großen Hochzeitsbankett (Mt 22, Lk 14). Jesus wollte, daß seine Jünger über ein tragendes gemeinschaftsstiftendes Symbol (Sakrament) verfügten und wählte dafür das eucharistische Mahl. Die wunderbare Brot- und Fischvermehrung (Mt 14, 13-21; 15, 32-36; Mk 6, 32-44; 8, 1-10; Lk 9, 10-17) erhält erst vom sechsten Kapitel des Johannesevangeliums aus seine volle Bedeutung, insbesondere aus den Worten Jesu, mit denen er das Brot des Lebens verspricht: "Das Brot, das ich geben werde, ist mein Leib. Ich gebe ihn hin, damit die Welt lebt" (Joh 6, 51).

Die Kathedrale ist, wie jede andere christliche Kirche, vor allem ein Festsaal, ein Raum zur Feier der eucharistischen Kommunion. Der Hauptaltar wird auf beiden Seiten von je einer Apsis flankiert, deren Kapellen zwei Momente im Neuen Testament wiedergeben, die für die Einsetzung der Eucha-

Foto: Detail der Wandverkleidung in der Allerheiligstenkapelle (M. Barceló)

ristie von Bedeutung sind. In der rechten Apsis hält mit einem aufsehenerregenden Werk die zeitgenössische Kunst ihren Einzug in die Kathedrale. Die Arbeit des mallorquinischen Künstlers Miquel Barceló geht symbolisch den Bezügen zwischen sakramentaler Gegenwart und der wunderbaren Brot- und Fischvermehrung im Kapitel 6 des Johannesevangeliums nach. Die Keramikschicht, die sich über die gotische Architektur des 14. Jh. legt, zeigt auf der rechten Seite Brot, Wein und Lebensmittel in Fülle und links eine sich auftürmende, enorm fischreiche Meeresbank. Die Stirnwand bietet ganz in Weiss die durchgeistigte, in Licht gehüllte Figur des auferstandenen Jesus Christus. Sein Gesicht leuchtend wie eine Sonne (wie im Moment der Verklärung auf dem Berg Tabor, Mt 17, 2) und die Kreuzeswunden zeigend (Joh 20, 25.27; Lk 24, 39-40) tritt er als Überwinder des in den Tod führenden körperlichen und seelischen Hungers auf. Der Auferstandene bricht und verteilt jetzt am eucharistischen Tisch das Brot und alles, was Leben spendet, an die Kirche, damit diese, wie die Apostel damals, das Brot des Lebens (für den Körper und den Geist) ihrerseits teilt und weitergibt. Die Weinkrüge rufen uns das erste Wunder Jesu bei der Hochzeit zu Kana in Erinnerung (Joh 2, 1-11). Zu Füssen des Auferstandenen öffnet sich das Tabernakel zur Aufbewahrung des Altarsakraments. Es erleuchtet in Gold und weist auf die ständige Gegenwart des Herrn in der Eucharistie hin, unser höchstes Gut, der größte Schatz der Christengemeinde.

Diese Kapelle ist der Ort, an dem der allerheiligste Leib des Herrn betrachtet und verehrt wird. Die Gläubigen können hier nach der Messfeier noch im Gebet vor dem Tabernakel verweilen.

Auch die Corpus-Christi-Kapelle, in der Apsis links vom Hochaltar, thematisiert in einem Kirchenfenster (1983) die Darstellung des Wunders von der Brot- und Fischvermehrung.

Foto: Detail der Wandverkleidung in der Allerheiligstenkapelle (M. Barceló)

Foto: Flachrelief im Chorgestühl

13.
Einzug Jesu in Jerusalem am Palmsonntag

"Sechs Tage vor dem Osterfest kam der Herr in die Stadt Jerusalem. Da liefen ihm Kinder entgegen mit Palmzweigen in den Händen und riefen: Hosanna in der Höhe! Sei gepriesen, der du kommst als Heiland der Welt." (Messbuch, vgl. Lk 19, 36- 38).

In jedem Jahr beginnen die Christen am Sonntag vor Ostern die Karwoche mit einer Palmenprozession: sie begleiten Christus, der ein weiteres Mal Einzug in seine Kirche hält – symbolisiert in der Kathedrale -, um die Geheimnisse seines Leidens, Sterbens und Auferstehens zu erneuern.

Foto: Prozession am Palmsonntag

14.
Die Fußwaschung

Beim Abendmahl "stand [Jesus] vom Tisch auf, zog sein Oberkleid aus, band sich ein Tuch um und goss Wasser in eine Schüssel. Dann machte er sich daran, seinen Jüngern die Füße zu waschen und mit dem Tuch abzutrocknen". Und er sagte ihnen: Ich bin euer Herr und Lehrer, und doch habe ich euch eben die Füße gewaschen. Von jetzt an sollt ihr euch gegenseitig die Füße waschen. Ich habe euch ein Beispiel gegeben, damit auch ihr so handelt, wie ich an euch gehandelt habe... Freude ohne Ende ist euch gewiss, wenn ihr auch danach handelt" (Joh 13, 4-17).

Jedes Jahr am Gründonnerstag wäscht der Bischof in der Messe vom letzten Abendmahl zwölf jungen Männern die Füße. Damit soll die Demut in der Ausübung seines Leitungsamtes zum Ausdruck gebracht werden. Er ist wie Jesus gekommen, um zu dienen (Lk 22, 27).

Foto: Hinterfront am Torbogen des alten Chorhauses

15.
Das Herrenmahl

"Ich habe mich sehr danach gesehnt, dieses Paschamahl mit euch zu feiern, ehe ich leiden muss" (Lk 22, 15), sagte Jesus den Jüngern am Abend, bevor er ausgeliefert wurde. Während er mit ihnen aß, setzte Jesus die Eucharistie zur Erinnerung an sein Paschaopfer ein. "Dann nahm Jesus Brot, sprach darüber das Dankgebet, brach es in Stücke und reichte es den Jüngern mit den Worten: -Das ist mein Leib, der für euch geopfert wird." (Lk 22, 19). Dann nahm er den Becher, sprach darüber das Dankgebet, gab ihnen auch den, und alle tranken daraus. Dabei sagte er zu ihnen: "Das ist mein Blut, das Blut des Bundes, das für viele vergossen wird." (Mk 14, 23-24). "Tut das immer wieder, damit unter euch gegenwärtig ist, was ich für euch getan habe". Sooft ihr also dieses Brot eßt und aus diesem Becher trinkt, verkündet ihr den Tod des Herrn bis er kommt (1 Kor 11, 24.26).

Foto: Mirador-Portal

Getreu der Tradition, die wir vom Herrn empfangen haben und die uns von den Aposteln überliefert worden ist, hat die Kirche niemals aufgehört, sich zur Feier des Pascha-Mysteriums zu versammeln, dabei zu lesen, was in allen Schriften von ihm geschrieben steht, die Eucharistie zu feiern, in der Sieg und Triumph seines Todes dargestellt werden, und zugleich Gott für die unsagbar große Gabe dankzusagen, in Christus Jesus zum Lob seiner Herrlichkeit. All das aber geschieht in der Kraft des Heiligen Geistes (Liturgiekonstitution des Zweiten Vatikanums, 6).

Der Bau der Kathedrale von Mallorca geht vor allem auf den Wunsch der Christen vor Ort zurück, über einen angemessenen Raum zur Feier des höchsten Sakraments ihres Glaubens zu verfügen. Es wundert daher nicht, dass die Bilder vom Letzten Abendmahl den Gläubigen auch vor Augen geführt werden - zuallererst im Mirador-Seitenportal, womit uns noch einmal bewußt wird, daß wir die Kathedrale vor allem betreten, um das Herrenmahl neu zu erleben; so dann im großen Altaraufsatz der Corpus-Christi-Kapelle, der die linke Apsis ganz ausfüllt, und zu den besten Barockarbeiten Mallorcas zählt (von Jaume Blanquer, 17. Jh.), zuletzt restauriert in 2003/2004.

Foto: Zentralnische im Corpus-Christi-Altar

Foto: Predelle des Corpus-Christi-Altars

16. Prozess und Verurteilung Jesu zum Tod am Kreuz

Die Führer des jüdischen Volkes ließen Jesu im Garten Getsemani verhaften, wo er sich im Gebet versunken nach dem letzten Abendmal aufhielt. Sie führten ihn vor das *Sanedrin*, den obersten jüdischen Gerichtshof, und vor den römischen Statthalter Poncius Pilatus. Sie klagten ihn an wegen öffentlicher Ruhestörung, geplanter Tempelzerstörung, Blasphemie, weil er sich Sohn Gottes nannte, und Aufwiegelung des Volkes gegen den römischen Kaiser, weil er sich als König der Juden ausgab. Kajaphas, der Oberste Priester, und der römische Prokurator verhörten ihn. Poncius Pilatus, dem Druck der jüdischen Ratsmitglieder stattgebend, wusch sich schließlich die Hände in Unschuld und veruteilte Jesus zum Tode am Kreuz.

Die Gerichtsverhandlung gegen Jesus ist in feiner Ziselierarbeit im Untersatz des großen Corpus-Christi-Altars zu sehen. Das Ecce Homo Motiv –Jesus mit Dornenkrone nach der Auspeitschung (Joh 19, 5)- steht im Mittelpunkt des Hochreliefs. Rechts davon das Religionsgericht und links das heidnische Gericht der Römer.

17. Jesus, gestorben am Kreuz

"Da gab Pilatus ihnen nach und befahl, Jesus zu kreuzigen... Er mußte sein Kreuz selber aus der Stadt hinaustragen, bis zu dem Ort, der "Schädel" genannt wird... Dort nagelten sie ihn ans Kreuz.... Pilatus ließ ein Schild am Kreuz anbringen, darauf stand: "Jesus von Nazaret, der König der Juden" (Joh 19, 16-19). "Als es Mittag wurde, verfinsterte sich die Sonne, und im ganzen Land war es bis drei Uhr dunkel... Jesus aber rief laut: -Vater, in deine Hände lege ich meinen Geist. Mit diesen Worten starb er" (Lk 23, 44-46). "Der römische Hauptmann aber, der dem Kreuz gegenüberstand und miterlebt hatte, wie Jesus aufschrie und starb, sagte: -Dieser Mann war wirklich Gottes Sohns" (Mk 15, 39).

In allen christlichen Kirchen steht das Kreuz an hervorgehobener Stelle. Es wurde letztlich zum Erkennungszeichen schlechthin für das Christentum. Die breiten Kirchenschiffe der Kathedrale lenken

Foto: Kreuz auf dem Baldachin über dem Hauptaltar

den Blick der Gläubigen auf den Altar mit dem darüber schwebenden Baldachin, den Antoni Gaudí 1912 im Gewölbe aufgehängt hat, und der durch seine Neigung die versammelte Gemeinde miteinbezieht. Auf seinem höchsten Punkt steht das Kreuz mit dem Gekreuzigten, umgeben von Maria, seiner Mutter, und dem Lieblingsjünger. Das Kreuz ist aus Stücken zusammengesetzt, die in lebhaften Farben gehalten sind. Es ist das glorreiche Kreuz, denn aus ihm entsprießt neues Leben. Es wirkt in den ganzen weiten Raum der Kathedrale hinein, gibt ihm christliches Gepräge. Die breiten Kirchenschiffe fließen in Richtung Altar und auf das erlösende Kreuz hin zusammen. Es verkörpert die Worte Jesu: Wenn ich von der Erde erhöht werde, will ich alle zu mir holen" (Joh 12, 32).

Verstreut über den ganzen Innenraum, die Sakristei und das Museum geben zahreiche Kreuze und Kruzifixe von der zentralen Bedeutung kunde, die dem Geheimnis des Gekreuzigten innewohnt. Hingewiesen sei auch auf eine im Dommuesum aus-

Foto: Votivbild im Kapitelsaal (15. Jh.)

gestellte Votivtafel, die den gekreuzigten Herrn zeigt. Sie galt dem ewigen Frieden der Überschwemmungsopfer von 1406. Im Kirchenfenster über der Kapelle von der Kreuzabnahme sehen wir ganz oben den Gekreuzigten am Holz seinen Geist aufgeben - Maria steht bei ihm. Im Chor schließlich die schon erwähnten kühnen Bemalungen von J.M. Jujol (hinten, rechts): Das Blut Jesu Christi, das in die Erde dringt, bringt einen neuen Frühling hervor.

Foto: Ausmalung des Chores von J.M. Jujol

Foto: Kreuzabnahme von Ankermann

18.
Jesu Kreuzabnahme und Begräbnis

"Josef aus Arimathäa bat Pilatus um die Erlaubnis, den Toten vom Kreuz abzunehmen. Josef war ein Jünger Jesu, aber nur heimlich, weil er vor den führenden Männern Angst hatte. Pilatus überließ ihm den Leichnam... Auch Nikodemus kam mit; er brachte ungefähr hundert Pfund Myrrhenharz mit Aloe. Die beiden Männer nahmen den Leichnam Jesu und wickelten ihn mit den Duftstoffen in Leinenbinden, wie es der jüdischen Begräbnissitte entspricht. Bei der Stelle, wo Jesus hingerichtet worden war, befand sich ein Garten. Darin war eine neue Grabhöhle, in der noch niemand gelegen hatte. Dort hinein legten sie Jesus, weil es der Tag vor dem Sabbat war und weil das Grab in der Nähe lag" (Joh 19, 38-42).

Ein großartiges Gemälde von Richard Ankermann (1886) zum Thema Kreuzabnahme gibt in der gleichnamigen Kapelle die Szene wieder: Josef aus Arimathäa und Nikodemus nehmen Jesus unter tiefer Anteilnahme seiner Mutter Maria und der anderen Frauen, die ihm aus Galiläa gefolgt waren, vom Kreuz ab. In der Pietà-Kapelle unter der Orgel sowie an der kleinen Kanzel finden wir ebenfalls Darstellungen der Beweinung des Herrn, die Maria im Leid gebeugt mit dem Leichnam ihres Sohnes zeigen. In der Krönungskapelle sehen wir Maria in Betrachtung der Dornenkrone Jesu. Das Dommuseum bewahrt eine Dornenreliquie mit drei Zapfen sowie andere dem Leiden Jesu zugeschriebene Reliquien auf: Stücke aus der Säule, an der er ausgepeitscht wurde, vom roten Mantel, des

Foto: Fahne von J.M. Jujol

19. Der glorreich auferstandene Jesus

Schwammes, mit dem sie ihm Essig zu trinken gaben... Zeugnisse mittelalterlicher Frömmigkeit.

Die Kathedrale hält an einem alten Brauch fest, in jedem Jahr an Karfreitag nach der liturgischen Feier eine mittelalterliche Aufführung der Kreuzabnahme zu inszenieren und das Hl. Begräbnis Jesu mit einer Prozession zu begehen.

"Am Abend, als der Sabbat vorüber war und der Sonntag eben angebrochen war, machten sich Maria aus Magdala und die andere Maria auf den Weg, um nach dem Grab zu sehen. Plötzlich bebte die Erde, denn ein Engel des Herrn kam vom Himmel herab, trat an das Grab, rollte den Stein weg und setzte sich darauf. Er leuchtete wie ein Blitz, und sein Gewand war schneeweiss... Der Engel sagte zu den Frauen: -Ihr braucht keine Angst zu haben! Ich weiss, ihr sucht Jesus, der ans Kreuz genagelt wurde. Er ist nicht hier, er ist auferweckt worden, so wie er es vorausgesagt hat (Mt 28, 1-6). Am Abend erschien der Auferstandene mitten unter ihnen und sagte: -"Ich bringe euch Frieden!... Hier steht es doch geschrieben: Der versprochene Retter muß leiden und sterben und am dritten Tag vom Tod auferstehen. Den Menschen aller Völker muß verkündet werden, dass ihnen um seinetwillen Umkehr zu Gott und

Vergebung der Schuld angeboten werden. Und das muß in Jerusalem anfangen. Ihr seid Zeugen von all dem und sollt dafür einstehen" (Lk 24, 36. 46-48).

Der auferstandene Jesus ruft die Jünger wieder zusammen und gibt ihrer Gemeinschaft Leben und Perspektive. Sie kommen in seinem Namen zusammen, um den Glauben zu feiern an ihn, der ewig lebt und uns den Weg zum Leben zeigt. An der grossen Kanzel und an der Bedachung des Chores sehen wir die traditionelle Darstellung, wie Jesus aus dem Grabe steigt. Mehr symbolisch zu verstehen, ist die wehende weisse Fahne, die J. M. Jujol auf der rechten Chorseite malte. Der Kandelaber der Osterkerze, Gegenstück eines von Gaudí für die Kirche *Sagrada Familia* in Barcelona angefertigten Halters, läßt die Flamme des neuen Lebens während des ganzen Osterzyklus hocherhoben leuchten. Der Christus, den der Künstler Miquel Barceló auf die Keramikverkleidung der Kapelle vom Allerheiligsten gemalt hat, soll die Geistesherrlichkeit des auferstandenen Körpers wiedergeben: Der zweite Adam wurde zum Geist, der lebendig macht (1 Kor 15, 45); die Herrlichkeit des Herrn im Geist (2 Kor 3, 18). Diese Figur inspiriert sich auch in den Erscheinungen des Auferstandenen, als er den Jüngern seine fünf Wunden darbietet (Joh 20, 27; Lk 24, 40).

An jedem Ostermorgen wird in der Kathedrale bei der Einzugsprozession zum Hochamt die Begegnung des Auferstandenen mit seiner Mutter in Szene gesetzt: Himmelskönigin, erfreue dich! Der, den du in deinem Schoße trugst, ist auferstanden, so wie er es vorausgesat hat. Halleluja!

Foto: Der Auferstandene von Miquel Barceló

Foto: Himmelfahrt an der grossen Kanzel

20.
Christi Himmelfahrt

Jesus, der Herr, führte die Jünger aus der Stadt hinaus nach Betanien und "dort erhob er die Hände, um sie zu segnen. Und während er sie segnete, entfernte er sich von ihnen und wurde zum Himmel emporgehoben. Sie aber warfen sich vor ihm nieder. Dann kehrten sie voller Freude nach Jerusalem zurück." (Lk 24, 50-52).

"Die Himmelfahrt Christi ist auch unsere. Und die Herrlichkeit zu der das Haupt gelangt ist, erhofft der Körper auch zu erlangen" (Kollektegebet der Himmelfahrtsmesse).

An der großen Kanzel sowie im Chorgestühl gibt es je eine Flachreliefdarstellung der Himmelfahrt.

Foto: Himmelfahrt im Chorgestühl

21.
Ausschüttung des Hl. Geistes über die Apostelkirche

"Am jüdischen Pfingstfest waren wieder alle, die zu Jesus hielten, versammelt. Plötzlich hörte man ein mächtiges Rauschen, wie wenn ein Sturm vom Himmel herabweht. Das Rauschen erfüllte das ganze Haus, in dem sie waren. Dann sah man etwas wie Feuer, das sich zerteilte, und auf jeden von ihnen liess sich eine Flammenzunge nieder. Alle wurden vom Geist Gottes erfüllt... und Petrus rief laut: "Hier geschieht, was Gott durch den Propheten Joël angekündigt hat: ... Allen, die mir dienen, Männern und Frauen, gebe ich meinen Geist, und sie werden als Propheten reden... Diesen Jesus also hat Gott vom Tod erweckt. Er wurde zu dem Ehrenplatz an Gottes rechter Seite erhoben und erhielt von seinem Vater die versprochene Gabe, den heiligen Geist, damit er ihn an uns weitergibt" (Apg 2, 1-4. 14.16.18.32-33).

Fünfzig Tage nach der Auferstehung feiern wir Pfingsten. Die reife Frucht des Osteropfers unseres Herrn ist die Gabe des Heiligen Geistes, der für immer in seiner Kirche gegenwärtig bleibt und den Sakramenten Wirkung verleiht.

Eine der sieben Freuden unserer lb. Frau, die an der großen Kanzel zu sehen sind, zeigt das Kommen des Hl. Geistes über Maria und die Apostel. Diese Szene ist auch in einem Kirchenfenster des linken Seitenschiffes über dem Almosenportal dargestellt. Hochoben im Altarraum, zwischen den Seilen, die den Baldachin halten, sehen wir einen Feuerball: Symbol des Hl. Geistes, der sich auf den Altar herabsenkt, um die eucharistische Wandlung zu bewirken.

Foto: Kirchenfenster über dem Almosen-Portal

Foto: Figur der entschlafenen Gottesmutter

22. Maria, aufgenommen in den Himmel, nimmt am Paschamysterium Christi teil

Am Ende ihrer Erdentage wurde Maria dank des erstrittenen Sieges ihres Sohnes Jesus Christus mit Körper und Seele in den Himmel aufgenommen. Zunächst durfte sie in ihrer unbefleckten Empfängnis am Sieg Christi über die Sünde teilnehmen. Sodann kam ihr seine Überwindung des Todes für ihre glorreiche Aufnahme in den Himmel zugute. Diese von Papst Pius XII 1950 definierte Glaubenswahrheit geht auf kirchliche Überlieferung zurück: Die jungfräuliche Gottesmutter Maria, Urbild der Kirche in ihrer ewigen Vollendung, sollte die Verwesung nicht schauen, denn ihr Leib hat den Urheber des Lebens geboren (Präfation Mariä Himmelfahrt).

Das Hochfest der Jungfrau Maria wird am 15. August gefeiert. Wir begehen das Fest der Namensgeberin unserer Kathedrale nach altehrwürdiger Tradition und verehren die "entschlafene Muttergottes" auf ihrem Totenbett in der Mitte der Kathedrale, umgeben von duftenden Kräutern und Früchten.

Mariä Himmelfahrt steht in einem großartigen Gemälde aus dem 17. Jh. auch im Zentrum des Grada-Altares. Auf einer Leinwand der Pietà-Kapelle sehen wir die himmlische Krönung Mariens durch die Dreifaltigkeit (18. Jh.). Die Hauptfassade des Domes zeigt zunächst im Giebel eine Reliefdarstellung der entschlafenen Jungfrau (von Marc Llinàs, 1886) und gipfelt dann in einer großen Figur Unserer lb. Frau, die mit ausgebreiteten Armen gen Him-

Foto: Christus, der Weltenrichter, in der Grabstätte von Ramon de Torrelles

mel strebt (von Lluís Font, 1886). In der Königskapelle finden wir das Thema von der Aufnahme Mariens in den Himmel auch in einem Kirchenfenster dargestellt (mittleres Fenster der linken Seitenwand, Autor Pere Cànaves, 1989).

23. Der Herr wird mit göttlicher Macht und Herrlichkeit wiederkommen

"An Sonne, Mond und Sternen wird man drohende Zeichen sehen... die ganze Ordnung des Himmels wird durcheinandergeraten. Dann werden sie den Menschensohn auf einer Wolke mit göttlicher Macht und Herrlichkeit kommen sehen. Wenn ihr die ersten Anzeichen von alledem bemerkt, dann richtet euch auf und faßt neuen Mut: bald werdet ihr gerettet!" (Lk 21, 25-28).

Mit den Wolken kommend sagt der Menschensohn: Ich bin der Erste und der Letzte – der ist und der war und der kommt, der Herr der ganzen Welt... Ich bin der Lebendige! Ich war tot, doch nun lebe ich in alle Ewigkeit. Ich habe Macht über den Tod und die Totenwelt (Offb 1, 8.17-18).

Der Sohn Gottes, der am Anfang der Geschichte steht ("Durch ihn ist alles geschaffen worden", Kol 1, 16), wird sie auch beenden, wenn "er kommt in Herrlichkeit, zu richten die Lebenden und die Toten".

Über der liegenden Statue des ersten Bischofs nach der Wiedererrichtung des Bischofsitzes auf Mallorca, Ramón de Torelles, sehen wir links von der Corpus Christi

Kapelle ein gotisches Bild des 14. Jh. mit Jesuschristus als Retter und Richter auf einem Throne sitzend: an den ausgestreckten Händen die Wundmale und in der Seite der Lanzenstich. Er ist ein barmherziger Richter. Neben ihm ein Engel, der das Kreuz, die Lanze und die Nägel hält. Der Herr, der kommen wird, alle Menschen zu richten, ist der barmherzige Erlöser, der seine Geschöpfe innig liebt und für sie das Blut seines Leidens vergossen hat.

IV.
DAS GEHEIMNIS DES GLAUBENS FEIERN

1.
Vor allem die Eucharistie

Gotteshäuser dienen der Gemeinde der Christusgläubigen in erster Linie dazu, sich darin zu versammeln, um Gott mit Lob zu danken und das Gedächtnis des Paschamysteriums zu feiern, so wie er es uns aufgetragen hat: "Tut dies zu meinem Gedächtnis". Bauwerk und Innenraum sind vollständig auf die Belange der Eucharistiefeier abgestellt. Im Zentrum steht für alle sichtbar entsprechend seiner Bedeutung der Altar; seitlich steht der Ambo, von dem das Wort Gottes verlesen und die Predigt an die Gläubigen gehalten wird; für den Zelebranten steht ein Sitz bereit, der in Domkirchen der Bischofstuhl ist, weshalb dort ein weiterer Sitz erforderlich ist, für Feierlichkeiten, denen ein Pfarrer vorsteht. Auch für alle übrigen Personen, die an dem sakramentalen Geschehen teilnehmen, wie mitfeiernde Geistliche, Vorsänger und anwesende Gläubige, sind ganz bestimmte Plätze vorgesehen.

Foto: Hauptaltar

Foto: Presbyterium mit Altar

1.1 Der Altar: Tafel für das Abendmahl und Stein für das Opfergedächtnis

Die Eucharistie ist Festmahl und zugleich Gedächtnisfeier des einzig wahren Opfers, das Jesus Christus ein für allemal in seinem Paschaleid erbracht hat. Um den eucharistischen Tisch versammelt erheben die Christusgläubigen ihr Lob- und Dankgebet und gedenken der Erlösungstat Christi, indem sie vom Brot essen, dem Leib, der für das Leben der Welt hingegeben wurde, und vom Wein trinken, dem Blut Christi, mit dem der neue und ewige Bund geschlossen wurde.

Die christliche Überlieferung sieht im Altar die Tafel für ein gemeinschaftliches Mahl, in dem Christus beides, Gastgeber und Speise zugleich, wird. Der Altar ist der gedeckte Tisch des Himmelreiches auf Erden. Und er ist der Form nach ein Opferstein – Altäre sind deshalb von altersher aus Stein -, auf dem der alleinige Priester und Mittler die Menschheit mit Gott, dem Vater, versöhnte, indem er sein Leben in Selbstaufopferung und Kreuzestod hingab.

Unter allen Elementen des Tempels gebührt dem Altar der Kathedrale von Mallorca die größte Verehrung – dafür sprechen sein theologischer Symbolgehalt, seine Funktion im Sakrament der Messe und seine kunstgeschichtliche Verwurzelung in unserer Kultur. Wahrscheinlich ist er noch älter als die Domkirche, wie wir sie kennen. Die große Steinplatte liegt auf acht romanischen oder bereits frühgotischen (zisterziensischen) Säulen und einer Mittelsäule byzantinischen Stils (7. Jh.?). Vielleicht stand dieser Altar schon in der ab dem Jahre 1230 als christliche Kirche hergerichteten Moschee und ist dort 1269 geweiht worden. Auf jeden Fall ist es dieser Altar, an dem am ersten Oktober 1346 die "neue" Apsis der Bischofskirche eingeweiht wurde, mit deren Bau man ca. 1306 begonnen hatte. Es blieb schließlich bei diesem Datum als Gedenktag für die Widmung der ganzen Kathedrale an den einen Gott und Vater Jesu Christi.

Die vorerst letzte Altarweihe fand am ersten Oktober 1905 durch Bischof Pere-Joan Campins statt, sozusagen als Höhepunkt der im Vorjahr von Antoni Gaudí abgeschlossenen Restaurierungsarbeiten an Altar, Bischofstuhl und Presbyterium.

Bei der Umgestaltung von 1904 ist der Altar von dem barocken Altaraufsatz an der Rückwand an den Eingang des Presbyteriums vorverlegt worden, wo er dem zentralen Kirchenschiff gegenüber steht und von jedem Punkt der großen Kirche aus zu sehen ist, so daß die Gläubigen am eucharistischen Geschehen teilnehmen können. Umrahmt wird er von vier Säulen mit Kandelabern, auf denen vier mittelalterliche Figuren musizierender Engel stehen. Ein schmiedeeisernes Geländer mit Kerzenhaltern, ebenfalls Werk Gaudís, dient als zierreicher Abschluss des Altarraumes. Das Licht seiner brennenden Kerzen spendet die liturgische Beleuchtung für den eucharistischen Tisch. Gaudí brachte 1904 einen schlichten Baldachin über dem Altar an, der ihn überdachte und ihm so Ehre erwies: ein antiker Wandteppich mit Stickereien eucharistischer Symbole. 1912 schloß der selbe Künstler die Arbeiten an einem Modell für einen weit prunkvolleren Baldachin ab. Es blieb ein Modell, wurde aber ebenfalls im Gewölbe aufgehängt und besteht im wesentlichen aus einer siebeneckigen, mit Ähren und Trauben geschmückten Krone, an der 35 Lichter hängen. Am höchsten Punkt der vorne, zum Kirchenschiff hin, leicht angehobenen Krone steht der Gekreuzigte zwischen Maria und dem Lieblingsjünger. Die an der Krone angebrachten Weizenähren, Rebenstöcke und Weinranken nehmen Bezug

Foto: Hauptaltar mit Baldachin

auf Brot und Wein der Eucharistie. Der Baldachin steht symbolisch für den Hl. Geist. Wir haben somit die Wandlungsepiklese in Kunstgestalt vor uns: Während des Hochgebetes wird der Hl. Geist auf die Gaben herabgerufen. Die sieben Seiten der Krone spielen auf die sieben Gaben des Hl. Geistes an. In der Mitte vergrößern sie sich zu Medallions, auf denen die Buchstaben *SS* geschrieben stehen: die Anfangsbuchstaben des lateinischen *Spiritus Sanctus.*

1.2 Verkündigung des göttlichen Wortes

Der Tisch, an dem die Eucharistie gereicht wird, ist zutiefst mit dem Tisch verbunden, an dem wir das Wort Gottes hören. Alles, was in der Hl. Schrift im Alten und im Neuen Bund gesagt wird, erfährt im Paschageheimnis Jesu, das wir als Sakrament der Messe feiern, seinen Höhepunkt. Dem entspricht der erste Teil der Gedächtnisfeier unseres Herrn, in dem verkündet und vernommen wird, wie Propheten, Apostel und Jesus Christus selbst den Menschen Erlösung verheißen.

Traditionsgemäß hat die Kirche der Verlesung des Evangeliums im Wortgottesdienst schon immer größte Ehre beigemessen, denn der Glaube sagt, daß es Jesus selbst ist, der uns in den Texten von Matthäus, Markus, Lukas und Johannes weiterhin die Frohe Botschaft überbringt. Vor dem Evangelium werden zunächst Schriften der Propheten verlesen über Geschichte und Weisheit des Volkes Israel und über die Anfänge der Urgemeinde der Apostel, ihrem Werdegang und die Briefe.

Damit das Wort Gottes von den Gläubigen auch gehört und verstanden wird, hat die Kirche immer dafür gesorgt, daß es von einem erhöhten Punkt aus verkündet wird. Vor der letzten Liturgiereform des Konzils verlas man das Evangelium in Blickrichtung auf das Volk rechts; die erste und zweite Lesung (Propheten und apostolische Briefe) dagegen links. In der Kathedrale ist als beachtenswertes Zeugnis der Renaissance die große Kanzel aus dem XVI Jh. erhalten geblieben, Ort des Evangeliums und der Predigt. Sie ist reich verkleidet mit Reliefarbeiten zu den Sieben Freuden aus dem Leben von Jesus und Maria sowie mit Statuen der vier Evangelisten und weiteren Figuren der großen lateinischen Kirchenlehrer, Ambrosius, Hieronymus und Gregor der Große (ursprünglich auch Augustinus, dann aber durch Gaudís Umgestaltung an die Rückwand der kleinen Kanzel verlegt). Alles gibt uns zu verstehen, daß wir im Evangelium die Verkündigung von Leben, Tod und Auferstehung des Herrn hören, so wie sie in den Schriften steht und von den hl. Vätern und Lehrern der christlichen Überlieferung ausgelegt und gepredigt worden ist.

An der kleinen Kanzel sehen wir auf drei Seiten Reliefdarstellungen zur Verkündigung der Menschwerdung und zur Frömmigkeit Mariens - eindeutige Bezugnahme auf die von Propheten und Aposteln verkündete Erlösung durch den Sohn Gottes, der für uns Mensch wurde und für uns starb. Gaudí gab der Kanzel eine Bedachung, in die er bedeutende Figuren aus dem Neuen und dem

Alten Testament einarbeitete: Ganz oben der zum Opfer seines Sohnes Isaak bereite Abraham, Geschichte der Glaubensstärke im ersten Bund. Am Rande der Bedachung die Apostel Petrus und Paulus sowie ein Prophet.

Seit Ostern 2001 verfügt die Kathedrale über ein neues Lesepult im Altarraum, das den übrigen Ständern angeglichen ist, die Gaudí aus Schmiedeeisen und Holz für den Chor entworfen hat. Es steht nahe der Altarschranke mit Kerzenhaltern am Eingang des Presbyteriums. Zum Pult gehört ein Gefäß für Blumen, die das Leben, die Schönheit und den Duft unterstreichen, die für die Gemeinde vom göttlichen Wort ausgehen. Während des fünfzigtägigen Festkreises, der die Freude über die Auferstehung Christi verlängert, brennt die Osterkerze auf einer feinen Säule aus Porphyrgestein, die einem Kerzenhalter Gaudís nachgebildet ist, der in der Kirche *Sagrada Familia* in Barcelona steht. Das Wort Gottes ist schließlich auch Thema des von Pere Cànovas (1983) erstellten Kirchenfensters in der Hieronymuskapelle.

Foto: Ambo mit Blumen und Osterkerze

1.3
Der Bischofstuhl

Das Wort Kathedrale kommt von *cátedra:* Der Thronsessel des Bischofs, des ersten Lehrmeisters der Ortskirche, der seine Herde im Namen des Guten Hirten und Meisters Jesus Christus leitet, umsorgt und weidet.

Ältestem Brauch beim Errichten von Bischofskirchen folgend wurde bei Baubeginn im 14. Jh. der Thronsessel (oder Bischofsitz) in der neuen Apsis aufgestellt, die Bischof Berenguer 1346 einweihte. Er hinterließ seinen Nachfolgern den heute noch erhaltenen Sitz aus Stein, den Gaudí und Juyol zwischen 1904 und 1914 restaurierten und mit einer neuen Umgebung versahen. Zu beiden Seiten sind die Wappen sämtlicher Amtsvorgänger des Bischofs Campins zu sehen.

Hält der Bischof Vorsitz beim Altar, dann benutzt er einen anderen Sessel, der denen nachgebaut ist, die Gaudí für die Kirche *Sagra-*

Foto: Bischofsitz

Foto: Chorgestühl

da Familia in Barcelona anfertigen ließ. In der Rückenlehne sind ein Reliefbild des Guten Hirten sowie die Worte *Hirte, Priester, Lehrer* eingearbeitet.

Der Presbyter, der gemeinsam mit dem Bischof die Messfeier in der Kathedrale leitet, benutzt einen Sessel gleicher Art mit dem Wappen der Kathedrale, das die Jungfrau Maria mit dem Kind und die Umschrift *Maria, Sitz der Weisheit* zeigt.

1.4 Der Chor, Ort des göttlichen Lobgesanges, umgibt den Altar und den Bischofsitz

Die Mutterkirche und Kathedrale ist die Kirche des Bischofs, des Vaters der christlichen Ortsgemeinde, der seinen Priester-, Hirten- und Magisterdienst am Volk Gottes zusammen mit einer Gruppe von Geistlichen ausübt, die von alters her Domherren oder -kapitulare genannt werden. Sie sind für den Gottesdienst in der Kathedrale zuständig und haben für Erhalt und Förderung des künstlerischen und historischen Besitzes ihres Tempels zu sorgen. Dem Bischof und dem Domkapitel sowie den übrigen Domgeistlichen ist im besonderen der Dienst des Gotteslobes aufgetragen - den Herrn rühmen und zu ihm beten, so wie es der Stundenliturgie entspricht. Diesen Dienst versehen sie nicht nur stellvertretend für die Christen auf Mallorca, sondern auch gemeinsam mit den Gläubigen, die im Anschluß an das Konzil zu verstärkter Teilnahme eingeladen sind.

Am Anfang und auch während der fortschreitenden Baugeschichte der Kathedrale seit dem 14. Jh. nahm der Chor immer das Zentrum und einen Großteil des mittleren Kirchenschiffes ein, so wie es bei vielen spanischen Kathedralen anzutreffen ist. Im 16. Jh. war aus dem Chor gar ein eigenes Gebäude innerhalb der großen Kathedrale geworden, die dadurch stark an Gleichmaß und Raum verlor, was vor allem die Teilnahme der Gläubigen einschränkte, die dem liturgischen Geschehen entfernt und ohne Einsicht folgten. Bischof Campins erteilte dem genialen Architekten Gaudí den Auftrag, den Chor von der Mitte der Kathedrale in die Königskapelle zu verlegen und Altar und Bischofstuhl einzubeziehen. Die umfangreichen Restaurierungsarbeiten wurden am Festtag der Immaculta, am 8. Dezember 1904 eingeweiht.

So trat das Amt des Bischofs, der Presbyter und der übrigen Geistlichen deutlicher in seiner klaren Bezogenheit auf Altar und Bischofsitz hervor, aus der die Feier der Heiligen Geheimnisse lebt.

Foto: Detail der Schnitzarbeiten im Chor

1.5 Der Platz des Gottesvolkes in den Weiten der 3 Kirchenschiffe

Das Projekt zur architektonisch-liturgischen Restaurierung der Kathedrale, das Bischof Campins 1904, an Mariens Aufnahme in den Himmel, in einem Pastoralbrief dargelegt hat, sah folgende Raumnutzung im Tempel vor: der Altar für das eucharistische Opfer, der Thronsessel für den Vater und Hirten der Diözese, der Chor für die Geistlichen der Kirche und die Kirchenschiffe für das ganze Gottesvolk.

Bei der Planung nahm der Bischof Anregungen der liturgischen Bewegung auf, der er mit Herz und Verstand angehörte. Sie war etwa um 1850 enstanden und fand ihren Höhepunkt im zweiten Vatikanum, dessen Bestimmungen der große Bischof von Mallorca vorwegnahm, indem er die Teilnahme der Gläubigen an der heiligen Liturgie förderte, der nach Papst Pius X "ersten und unverzichtbaren Quelle des christlichen Lebens" (1903).

Mit großem Gespür und Mut schlug Bischof Campins hier neue Wege ein und überwand manche Schwierigkeiten - zu recht, wie sich bei den großen Feierlichkeiten gezeigt hat, an denen die Christen Mallorcas und von anderswo her in die Kathedrale kommen. Ostern und in der Karwoche, am Heiligen Abend, am Fronleichnamsfest sowie zu anderen feierlichen Anlässen des mallorquinischen Kirchenkalenders ähnelt die Kathedrale einer glücklichen Mutter im Kreise ihrer vielen Gotteskinder.

Foto: Panoramaansicht des Kirchenschiffs

1.6
Musik und Gesang

Der Gesang der Gemeinde im christlichen Kult ist passender Ausdruck ihrer im Glauben wurzelnden Freude. Er bekräftigt das Wort Gottes oder der Kirche und verleiht dem liturgischen Geschehen Feierlichkeit und Nachdruck wie kaum ein anderes Element. Im Gesang finden Verkündigung und Gebet eindringlich Nachhall. Die Eucharistie mit Gesang zu begleiten, zählt seit den Anfangszeiten der Kirche zu ihrem Brauchtum: "Singt Gott von Herzen Psalmen, Hymnen und Lieder, die der Geist eingibt" (Kol 3, 16). In den Briefen der Apostel Paulus und Petrus finden sich Loblieder der Urgemeinde. Und das Buch der Offenbarung beschreibt häufig den Lobgesang der himmlischen Heerscharen. Liturgischer Gesang ist also immer schon aufgefaßt worden als ein Einstimmen in den Lobpreis der Engel im Himmel.

Gaudí errichtete für die Kantoren auf jeder Seite des erneuerten Presbyteriums eine Tribüne. Sie sind mit Jalousien und Tafeln verziert, auf denen Musiknoten aus dem Hymnus des Guido de Arezzo an Johannes d.T. stehn. Die Kathedrale verfügt über einen Erwachsenenchor für das Konventamt am Sonntag und andere große Feierlichkeiten sowie über einen im Jahre 2000 wiedergegründeten Kinderchor mit Jungen und Mädchen, die wegen der Farbe ihres Sängerkleids *Vermells,* die "Roten", heissen.

An nicht wenigen Sonntagen im Jahr erhält die Kathedrale Besuch von europäischen Chören, die dann eine Messe mitgestalten. Darüberhinaus finden das ganze Jahr über Konzerte einheimischer und fremder Chöre statt, oftmals mit instrumentaler Begleitung. Seit alters her hat es in der Kathedrale eine Orgel gegeben, die den Dimensionen des Tempels und der Feierlichkeit des Kultes angemessen war. Die jetzige große Orgel wurde 1797 eingeweiht und erhielt nach der letzten Restaurierung 1993 erneut den Segen. Im Chor steht eine weitere Orgel, die zur Begleitung dient und 2001 eingeweiht worden ist. Alljährlich wird an den Oktobersonntagen

Foto: Hauptorgel

ein Orgelfestival mit weltbekannten Organisten veranstaltet. Aber auch zu anderen Jahreszeiten finden Orgelkonzerte ihren Platz im musikalischen Kalender unseres Domes.

1.7 Die Festbeleuchtung der Kathedrale

Lichter sind für die feiernde Gemeinde Zeichen der Freude und Festlichkeit am eucharistischen Tisch. Das war schon so in Troas, an jenem Sonntag, als der Apostel Paulus sich von der Gemeinde verabschiedete: "In unserem Versammlungsraum im obersten Stock brannten zahlreiche Lampen" (Apg 20, 8).

Zu Beginn des 20. Jh. setzte sich der elektrische Strom immer mehr in der Beleuchtung von Häusern, öffentlichen Plätzen und Strassen durch. Einzug in die Kathedrale hielt er durch Antoni Gaudí bei dessen Restaurierungsarbeiten ab 1904. Die Kerzen wurden durch Glühbirnen ersetzt; auch die Öllämpchen der fünf großen Kronleuchter tauschte er gegen Birnen elektrischen Lichtes aus und verteilte sie dann auf Mittel- und Seitenschiffe. Die Säulen umlegte er mit schwungvoll geformten schmiedeeisernen Lampenhaltern, von denen genügend Licht für alle Gläubigen während der Feiern ausgeht. An den vier Ecken der Altarstufen stehen vier kunstvolle Leuchter, auch aus Schmiedeeisen, auf ebensovielen Säulen, die von vier schönen gotischen Engeln gekrönt werden. Die Beleuchtung des Baldachin, seiner Lampen, der Krone und der Polyeder erfolgt elektrisch. Das Geländer, mit dem Altarraum und Hauptschiff künstlerisch ansprechend voneinander abgehoben sind, trug noch bis vor kurzem Holzkerzen mit Glühbirnen. Gaudí ersetzte den alten Kerzengang, der die Königskapelle ganz umlief, durch zwölf schmiedeeiserne Leuchter mit elektrischen Kerzenattrappen.

Fünf Leuchter mit kleinen, vielfarbigen Birnen sorgen in der Höhe und zu den Seiten der großen Apsis über dem Chor für eine ungewöhnliche Lichtdekoration. Diese Fülle elektrischen Lichtes verleiht der Messfeier in der Kathedrale ein festliches Gepräge, das anhand modernster Beleuchtungstechnik für den ganzen Tempel ab 1996 noch unterstrichen wird.

Mit dem künstlichen Licht vermischt sich - besonders wenn unsere mediterrane Sonne scheint – das kräftige Tageslicht, das durch die zahlreichen Kirchen- und Rosettenfenster einfällt. Bis zum 20. Jh. herrschte in der Kathedrale ein sehr dämmriges Licht - fast sämtliche Fensteröffnungen waren zugemauert. Nach Osten hin leuchtete in der Stirnwand des Hauptschiffes allein das Glas des größten Auges der gotischen Baukunst. Gaudí begann damit, das Rosettenfenster in der Dreifaltigkeitskapelle mit künstlerischem Glas zu erleuchten. Danach ließ er nach seinem Entwurf und mit einem extra entwickelten Verfahren zwei große Kirchenfenster für die Königskapelle anfertigen. Doch seine Arbeiten wurden 1914 unterbrochen. 1926 startete das Domkapitel eine Kampagne zur

queant
fibris

Foto: Kerzenhaltender Engel (J. Gual)

Verglasung der übrigen noch zugemauerten Fenster. Dieses Vorhaben konnte 1996 für die Fenster der Kirchenschiffe beendet werden. Im Jahr 2006 hat Miquel Barceló fünf neue Kirchenfenster für die Allerheiligstenkapelle entworfen.

1.8 Bilder von Engeln bei ihrem Gottesdienst

Guter christlicher Tradition nach stehen die irdische und die himmlische Kirche im Gottesdienst in Eintracht und Gleichklang beisammen. Die christliche Kunst hat deshalb häufig die Feier der Gläubigen durch Engelsfiguren bereichert, die als Messdiener oder Musiker an der Liturgie teilnehmen. So fanden im 14. Jh. sechs gotische Engelsstatuen mit Kerzenhaltern in den Händen Eingang in die Kathedrale. Sie waren an den Säulen in der Tiefe der Apsis angebracht, wie Messdiener in der Nähe des Altars, der damals vor dem Bischofssitz stand. Erwähnt wurden schon die vier musizierenden Engelsfiguren, die auf kerzenbestückten Säulen den Hauptaltar umstehen. Auch in der Dreifaltigkeitskapelle sind vier Engel beim Altardienst zu sehen. Im Mirador-Seitenportal schließlich findet sich eine Vielzahl von Engeldarstellungen, die als Musiker, Kerzenträger und mit Weihrauchfässern das dort geschilderte Heilswerk verherrlichen.

Foto: Musizierender Engel

1.9
Besuch und Anbetung des eucharistischen Geheimnisses nach der Messe

Jesus, der Herr, gegenwärtig im Geheimnis des eucharistischen Brotes, bleibt nach der Gedächtnisfeier seines Ostergangs mitten unter uns. Damit erfüllen sich die Abschiedsworte an die Apostel, "ich bin bei euch alle Tage bis zum Ende der Welt (Mt 28, 20). Die Kirche bewahrt den eucharistischen Leib des Herrn in aller Ehrfurcht auf, um ihn den Kranken zur Kommunion zu bringen und um ihn auszusetzen für die Gläubigen, die in Betrachtung seines unüberbietbaren Liebesopfers vor ihm verweilen können und so das in der Messe gesprochene Dankgebet fortführen oder sich auf die Teilnahme der nächsten Feier vorbereiten.

In früheren Zeiten wurde das Allerheiligste ehrfuchtsvoll in Schatullen und in der Sakristei aufbewahrt. Einige davon sind aufgrund ihres Alters und kunst-

Foto: Die Jungfrau als Sakramentenhaus mit geöffneter Seite

vollen Ausführung im Museum der Kathedrale ausgestellt. Im 14. Jh. "erfand" man in der Kathedrale von Mallorca einen weitaus würdigeren Ort für das gewandelte Brot: die Titularfigur der hl. Jungfrau. Diese wundervolle gotische Skulptur wurde von Guillem Sagrera geschaffen. In ihrer linken Körperseite, genau unter dem Jesuskind, hat der Künstler eine Art Kammer bereitet, ausgekleidet mit einem Sternenhimmel (mittelalterliches Symbol des Universums), in der die konsekrierten Hostien hinterlegt wurden. Die Idee zu dieser "Erfindung" geht vielleicht auf eine marianische Antifon zurück: "Den die Himmel nicht fassen, den trug der Schoß einer einzigen Frau". Der Einfall der Kathedrale fand in vielen Gemeinde- und Konventskirchen Mallorcas Nachahmer. Heute gibt es noch ein Dutzend Figuren dieser Art auf der Insel. In alten Dokumenten ist vom "Sakramentshäuschen Unserer lb. Frau" die Rede, wenn man sich auf die genannte Figur bezog, die im Zentrum des alten gotischen Altares stand, und die Gaudí dann 1904 in die Dreifaltigkeitskapelle stellte.

Ab dem 15. Jh. setzte sich im Zuge des Tridentischen Konzils die Aufbewahrung des Allerheiligsten in Tabernakeln durch, gültig bis in unsere Tage. Derzeit verfügt die Kathedrale über ein Sanktuar aus Keramik mit Goldbelag als Teil der Wandverkleidung, mit der Miquel Barceló die Allerheiligstenkapelle neugestaltet hat (2005).

Das Hochfest des eucharistischen Leibes des Herrn wird Fronleichnam gefeiert. An diesem Festtag schließt sich an das feierliche Hochamt eine Prozession durch die Altstadt an. Zur Aussetzung und Anbetung des eucharistischen Brotes gaben unsere Vorfahren bei den besten Gold- und Silberschmieden Mallorcas eine Prozessionsmonstranz in Auftrag, an deren Fertigstellung vom 15. bis zum 19. Jh. gearbeitet worden ist.

Foto: Prozessionsmonstranz

Foto: Taufstein (vor der Restaurierung)

2. Die Taufe, erstes Sakrament des Glaubens

Bei Zugang durch das Hauptportal sehen wir rechts die Taufkapelle. Dieser Raum wurde von dem Mönch Miquel de Petra, einem Neffen des sel. Junípero Serra, im neoklassizistischen Stil des 18. Jh. entworfen. Bischof Rubio Benedicto hatte ihm den Auftrag zum Bau einer Taufkapelle erteilt. Die Lokalisierung entspricht traditionellem Muster: am Eingang zur Kirche, den man mit der Aufnahme in die christliche Gemeinde durch das Taufsakrament gleichsetzte.

Das Taufbecken aus mallorquinischem Gestein ist groß und prächtig gehalten, in Form eines klassischen Sarkophags - sicherlich ein Bezug auf den Römerbrief (6,3-11) des hl. Paulus, der die Bedeutung der Taufe so umreißt: begraben mit Christus durch die Taufe auf den Tod und vereinigt mit ihm in seiner Auferstehung. Diese Apostelworte lassen an eine ganz bestimmte Taufpraxis denken, die Immersionstaufe, eine sehr sinnfällige und auch noch im nachkonziliaren Ritual bevorzugte Taufweise, die an diesem Taufstein der Mutterkirche der Diözese durchaus realisierbar ist.

Sechs neoklassische Gemälde von beträchtlichem Wert schmücken die Taufkapelle des Doms aus - an der Stirnwand die Taufe Jesu durch Johannes und seine Vergöttlichung: Gottvater und der Hl. Geist (als Taube) über dem Sohne; rechts die Taufe des ersten zum Glauben berufenen Heiden, Cornelius, ausgeführt von dem Apostel Petrus (Apg 10), und links die des Frankenkönigs Chlodowig durch den hl. Remigius (ca. 496). Die jeweiligen Künstler sind die valencianer Lluís A. Planes, Josep Camarón und Josep Vergara. Oben kreisförmige Gemälde mit Engeln als Taufministranten. Einige reichen das Wasser, andere zeigen die bei der Spende des Sakrementes gesprochenen Worte her und die übrigen bringen das Katechumenöl sowie das Chrisam zur Salbung.

In der Kathedrale werden den neuen Söhnen und Töchtern der mallorquinischen Kirche die Sakramente des Christwerdens gespendet. Dazu öffnet die Kathedrale in der Osternacht die Taufquellen, spricht durch das Amt des Bischofs die Firmung mit dem Hl. Geist aus und lädt zum Erstempfang der hl. Kommunion.

3.
Das Sakrament der Versöhnung und der Buße

Wer unter den Christen die Verbindung mit Gott und der Kirche aufgegeben oder vernachlässigt hat, ist zum Sakrament der Versöhnung eingeladen durch bereuen der Sünden und Umkehr, durch demütiges bekennen der Sünden, durch Lossprechung im Sakrament, wie es der von der Kirche damit beauftragte Geistliche im Namen des Vaters, des Sohnes und des Hl. Geistes tut, während der Büßer sich entscheidet, auf den Weg neuen Lebens zurückzukehren, indem er die auferlegte Buße akzeptiert, die ihn anregt, das Evangelium treuer zu befolgen.

Als Mutterkirche ist es ein Anliegen der Kathedrale, für die Bußfertigen da zu sein und kraft ihres apostolisch-bischöflichen Amtes die Versöhnung auszusprechen in der Person eines eigens dazu bestellten Domherrn, des Pönitentiars. Dafür steht ein Beichtstuhl bereit, der ein Werk des Künstlers Antoni Gaudí ist.

Foto: Beichtstuhl von Gaudí

4. Die Ölweihmesse: Sakramentenquelle für die Lokalkirche

Vor dem österlichen Triduum feiert die Kirche von Mallorca am Mittwoch der Karwoche eine ihrer bedeutsamsten Zusammenkünfte. Im Kreise aller mitzelebrierenden Priester der Diözese, assistiert von Diakonen und anderen Messhelfern, und unter aktiver Beteiligung des Gottesvolkes, segnet der Bischof die Öle für die Katechumen sowie die Kranken und weiht das heilige Chrisam.

Die Kathedrale erscheint hier als lebenspendende Mutter, die sich an der Vitalität ihrer Söhne und Töchter erfreut, an der Hingabe der Priester und Diakone sowie am Eifer dessen, der auf Mallorca Jesuschristus, das Haupt und den Hirten der Kirche, versinnbildlicht. Er ist in gewisser Weise Stellvertrer Christi und damit Ursprung und vorrangiger Spender der Sakramente. Mit ihnen sollen die zur Erlösung Berufenen geheiligt werden. Das geschieht durch Eingebung des Hl. Geistes, der uns Christus, dem Gesalbten, angleicht. Daraus erfahren wir Stärkung für den täglichen Kampf gegen das Böse und für das Gottesreich, aber auch Trost und Linderung bei Krankheit. Aus der selben Quelle fließt die Weihe derer, die den einzig wahren Hohepriester Jesus Christus darstellen und in seinem Namen der feiernden Gemeinde vorstehen. Auch die Einsegnung von Altären und Kirchen ist hier zu nennen.

V. BEZEUGER UND NACHFOLGER CHRISTI, FÜRSPRECHER DES GOTTESVOLKES

1. Die hl. Jungfrau Maria in der Kathedrale von Mallorca

Foto: Jungfrau von der Grada

Die zur Liturgiefeier versammelte Gemeinde fühlt ihre Verbundenheit mit der Kirche aller Heiligen im Himmel, deren beispielhaftes Leben sie in Erinnerung ruft und um deren Fürsprache sie fleht.

Die erste Heilige unter den Heiligen, die das Wort des Gottessohnes vernahm und in sich aufnahm, war Maria, seine Mutter, die alles in ihrem Herzen bewahrte (Lk 2, 19.51). Der Vater hatte sie heilig und rein erschaffen von ihrer unbeflekten Empängnis an. Der Apostelgemeinde war sie Lebensmodell und Richtschnur im Gebet, während sie auf die Ausschüttung des Hl. Geistes wartete (Apg 1,14). Seither hat die Kirche aller Generationen sie als Mutter und Vorbild in der Nachfolge des

Herrn verehrt und in ihr die Fürsprecherin in schwierigen Momenten auf dem Pilgerweg ins Reich gesehen. Jaume I, in zisterziensischer Frömmigkeit erzogen, war ihr in tiefer Verehrung zugetan. Für Jesus Christus und für die hl. Jungfrau Maria wollte er ein Königreich im Meer erobern. Im Gefolge des 31. Dezember 1229 widmete er ihr die erste Kirche der Hauptstadt von Mallorca, für die er die königliche Mosche freigab. Diese Tradition fortführend widmete Jaume II die 1306 begonnene neue Kathedrale ebenfalls der Jungfrau Maria. Die Mutter Gottes mit ihrem Sohn Jesus auf dem Arm hat der Bischofskirche Mallorcas immer vorgestanden und ist stets ihr getreues Wahrzeichen gewesen.

Die erste Skulptur der Patronin stammt aus dem ausgehenden 13. Jh. und erhielt den Namen "Unsere liebe Frau v. der Grada". Es ist eine romanische Figur mit majestätischer Ausstrahlung, auf einem königlichen Thron sitzend, der mit den Wappenstreifen der Grafen von Barcelona verziert ist. Sie selbst wiederum dient ihrem

Foto: Votivbild der Schutzmantelmadonna im Museum

Sohn als Thron. Er, das menschgewordene Wort Gottes, sitzt auf ihrem Schoß, dem "Sitz der Weisheit". Im Siegel der Kathedrale und des Domkapitels ist diese majestätische Darstellung Unserer lb. Domfrau wiederzuerkennen, so wie sie im barocken Kapitelsaal und im Chor anzuschauen ist.

Die zweite Titularfigur der Kathedrale ist die bereits weiter oben beschriebene Sakramentenjungfrau aus dem 14. Jh., die seit 1904 erneut den Vorsitz im Dom inne hat.

Auf den Mittelpfeiler des Mirador-Seitenportals stellte man eine äußerst gelungene Statue Unserer lb. Frau (14. Jh.), deren Original sich heute im Dommuseum befindet und durch eine Replik von Guillem Galmés (20. Jh.) ersetzt worden ist: die hl. Jungrau empfing so die eintretenden Gläubigen, ist sie doch das "Himmelstor", Zugang zum himmlischen Jerusalem, symbolisiert in der Kathedrale. Mit "Königin und Mutter der Barmherzigkeit" wurde und wird Maria im Salve-Lied angerufen, das in der Volksfrömmigkeit der Mallorquiner sehr beliebt ist, sahen sie sich doch in früheren Jahrhunderten im Meer und auf dem Lande von vielen Gefahren umgeben. Die Überschwemmung durch den Fluss *sa Riera* forderte 1406 schrecklich viele Todesopfer und trug dazu bei, daß die Bewohner Palmas sich erneut Maria zuwandten, der Gnadenmutter, der Mutter der Barmherzigkeit, der Schutzmantelmadonna, der "Mutter aller Menschen". Sie flehten um ihre beschützende Mütterlichkeit mit einem Votivbild, das sie an der Gruft für die Opfer in der Kathedrale anbrachten: die Jungfrau Maria gewährt unter ihrem Mantel Männern und Frauen aller Stände Schutz. Das Bild hängt heute im Dommuseum. Ein 1989 entstandenes Glasfenster des Chores nimmt die Ikonographie der Schutzmantelmadonna auf, um den Titel "Mutter der Kirche" darzustellen, den Paul VI Maria zum Abschluß des 2. Vatikanums verlieh. Im Zuge der Neuanfänge der Kirche auf Mallorca im 13. Jh. kam es zu den katalanischen und mallorquinischen Widmungstiteln U. lb. Frau von Montserrat und U. lb. Frau von Lluc. Die beiden Marienheiligtümer sind in ihrer historischen Entwicklung eng miteinander verbunden. An den Wänden der Pietà-Kapelle sehen wir links und rechts Darstellungen beider Jungfrauen aus dem 18. Jh. Nach barocker Art reich bekleidet stehen sie über ihren Bergheiligtümern und empfangen Huldigungen ihrer Chorknaben.

Hervorgegangen aus der Seefahrertradition der Hafenstadt Palma ist die Schutzpatronin Unsere lb. Frau der Seeleute, die seit dem 18. Jh. hochoben im Altar des hl. Benedikt zu sehen ist. Darüberhinaus sind weitere Marienverehrungen des mallorquinischen Volkes in der Kathedrale vertreten, die ursprünglich aus dem Ordensleben kommen: Unsere lb. Frau vom Rosenstock (Krönungskapelle), sowie der Gnade und des Karmel (Gradakapelle). In der Pietà-Kapelle finden sich zwei Gemälde, die Unsere lb. Frau der Einsamkeit und die Jungfrau auf der Säule zeigen. Andere Widmungstitel und marianische Geheimnisse sind schon in vorangegangenen Kapiteln beschrieben worden.

Foto: Wappen des Domkapitels im barocken Kapitelsaal

2. Apostel und Evangelisten

Die Verehrung der zwölf von Jesus erwählten Apostel – zu denen der hl. Paulus hinzukam – ist im christlichen Volk immer sehr verbreitet gewesen.

Seit dem 14. Jh. stehen Figuren von Petrus und Paulus am Eingang der Königskapelle und des Altarraumes. Sie grüßen etwas erhöht von den ersten Konsolen herab. Darstellungen beider finden sich auch im Torbogen des alten Chores (heute Eingang der Chorknaben-Kapelle). Sie erscheinen ebenfalls in der Bedachung, die Gaudí der kleinen Kanzel hinzufügte. Beachtenswert ist die Silberstatue des Apostel Petrus im Dommuseum. Die Bekehrung des hl. Paulus ist auf einem Gemälde (17. Jh.) am linken Rand der Predelle des Corpus Christi Altaraufsatzes festgehalten.

Eben dieser Altar zeigt auch, allerdings auf der rechten Seite, eine

Foto: Paulus am Eingang des Presbyteriums

Foto: Petrus am Eingang des Presbyteriums

Figur des hl. Matthias. Der hl. Matthäus (zusammen mit dem hl. Franziskus) ist auf dem gotischen Altar aus dem 14. Jh. zu sehen, der im Dommuseum steht. Gemalt sehen wir ihn dann noch auf einem Bild des Krönungsaltars.

Der hl. Jakobus der Ältere, im Kleid der Pilger nach Compostela, gehört zu den Figuren des gotischen Altars aus dem 14. Jh. – Gaudí stellte ihn mit Podest und Dach versehen an der linken Seite der Königskapelle auf. Weitere Darstellungen finden sich von ihm im Pietà- und im Josef-Altar.

Erwähnt sei hier auch die hl. Apostelin Maria Magdalena, die in zwei Statuen zu sehen ist: eine stammt aus dem gotischen Altar und zeigt sie mit dem Salbgefäß in der Hand. Gaudí stellte sie auf die rechte Seite der Königskapelle. Die andere Statue sehen wir im Obergeschoß der Kapelle des hl. Hieronymus. Alle Apostel zusammen treten im Glasfenster *Regina Apostolorum* rechts in der Königskapelle auf (1982).

An den Seiten der großen Kanzel (16. Jh.) sind kleine Figuren der vier Evangelisten zu sehen: Matthäus, Markus, Lukas und Johannes. Ihre Sinnbilder, der Tetramorph (Engel, Löwe, Stier und Adler) aus dem Buch Ezechiel (1,10), sind – leider beschädigt - an den Ansätzen des Rippenwerks der Dreifaltigkeitskapelle zu sehen. Johannes der Evangelist steht als Statue neben der des Jakobus auf der linken Seite der Königskapelle und dann auch noch hochoben im Hauptportal. Seine Attribute sind der Adler und der Kelch.

Foto: Die 4 Evangelisten an der grossen Kanzel

3.
Heilige MärtyrerInnen

Sie sind die Zeugen (Märtyrer) Jesu Christi, die mit ihrem Blut den größten Liebesbeweis erbrachten: für Ihn und für jene zu sterben, die sie liebten (Joh 15, 13).

Ein Glasfenster aus dem Jahr 1982, in der Königskapelle links, und mit dem Namen *Regina martyrum,* gruppiert mehrere Blutzeugen des Herrn: den sel. Ramon Llull, den hl. Sebastian, die Märtyrer aus Uganda, den hl. Lorenz, die hl. Barbara, die hl. Luzia und die hl. Katharina von Alexandrien, den hl. Georg und den hl. Paul Miki.

Dem Patron Palmas, dem hl. Sebastian, sind ein Altar und eine Kapelle gewidmet, die in früheren Zeiten unter dem Schutz der Ständevertreter und Rastsherren standen. Die Titularfigur ist im 18. Jh. in Rom angefertigt worden. Das Dommuseum zeigt ihn auf einem sehr schönen Tafel-

Foto: Die hl. Kolumba (Ankermann, 1836)

bild von Alonso de Sedano, 1488 von der Ständeversammlung in Auftrag gegeben. Sein Reliquienarm kam 1523 von Kreta nach Palma. Eingefaßt in einer bedeutenden Gold/Silberschmiedearbeit des 16. Jh. ist er im Dommuseum ausgestellt.

Die hl. Eulalia von Mérida wurde in einer kleinen Kapelle über dem Chor verehrt. Ihr gemaltes Bild und Szenen ihres Martyriums zieren einen schönen Altaraufsatz, Geschenk des Bischofs Berenguer Batle und Werk des Künstlers Jaume Loert (14. Jh.). Er steht nun im Dommuseum.

Darstellungen der hl. Eulalia und der hl. Barbara gehörten zum alten gotischen Altar. Gaudí brachte sie auf der rechten Seite über dem Chor an. Die hl. Barbara als frühe Nebenpatronin Mallorcas und die hl. Praxedis, deren Gebeine in der Kapelle des benachbarten Almudaina-Palastes ruhen sollen, flankieren die Titelfigur des hl. Sebastian in seinem Altaraufsatz.

Der hl. Caecilia, römische Märtyrerin und Patronin der Musiker, war einstmals die heutige Kapelle der Kreuzabnahme gewidmet. Im Obergeschoß des Altares sehen wir die Heilige von Engeln begleitet, so wie sie Guillem Mesquida gemalt hat. Aus dieser Kapelle stammt auch das ebenfalls von Mesquida (18. Jh.) gefertigte Altarvorderblatt, das heute im Eingang der Chorknabenkapelle hängt (2003 restauriert).

Der hl. Blasius, Bischof und Märtyrer in Armenien, den viele Gläubige verehren, ist mit einer Statue im Altar der Kreuzabnahme vertreten.

Die hl. Katharina von Alexandrien und die hl. Luzia sehen wir in den Seitenstraßen des Hieronymus-Altares dargestellt (17. Jh.).

Die hl. Kolumba, spanische Märtyrerin des 3. Jh., ist auf einem sehr schönen Gemälde von Richard Ankermann (1836) im Herz-Jesu-Altar neben den hl. Silvester, Papst des 4. Jh., gestellt. Beider Heiligen wird am 31. Dezember gedacht, dem Tag der Rückeroberung Mallorcas durch Jaume I. Diese Kapelle ist von den Ständevertretern dem Schutzengel des Königreiches Mallorca gewidmet worden.

Foto: Der hl. Sebastian von A. Sedano

Foto: Die hl. Caecilia von Mesquida

4. Die hl. Väter und Lehrer der Kirche

Mit ihrer umfassenden Pastoralarbeit sind sie zu Vätern der frühen Kirche geworden und mit ihrer Lehrmeinung haben sie ihr zur Festigung im Glauben und in der Nachfolge Christi verholfen.

Die Ikonographie der abendländischen Kathedralen hat stets die vier großen Kirchenlehrer und -väter der lateinischen Christenheit bevorzugt: den hl. Ambrosius (+ 397), den hl. Augustinus (+ 430), den hl. Hieronymus (+ 420) und den hl. Gregor der Große (+ 604). In kleinen Statuen (16. Jh.) sind sie rund um die große Kanzel herum angebracht (eine, die des Augustinus, wurde im Zuge der Reform von 1904 an die Hinterfront der anderen Kanzel verlegt). Auch im Hauptportal von 1601 erscheinen in den Seitenstraßen Skulpturen dieser vier Kirchenlehrer Außerdem sind der hl. Ambrosius, der hl. Augustinus und der hl. Gregor auch noch in der Kapelle des hl. Bernhard anzutreffen. Sie stehen dort zusammen mit den Lehrern der Ostkirche, dem hl. Basilius (+379), dem hl. Johannes Chrysostomus (+407) und dem hl. Cyrill von Alexandrien (+444) an den Ansätzen des Rippenwerks der Kapelle. Die Gruppierung geht auf Anregung Gaudís bei seinem Mitarbeiter Joan Rubió y Bellver zurück, als dieser von 1913 an die Kapelle umgestaltete. In jenen Jahren zeigte sich die lateinische Kirche seit Leo XIII um Annäherung an die Ostkirchen bemüht.

Vier Kirchenlehrer des Ostens sind auf Gemälden des 17. Jh. zu sehen, die in der Kapelle der Aufnahme Mariens – auch Stufen- oder Gradakapelle genannt – hängen: der hl. Athanasius (+ 373), der hl. Johannes Chrysostomus, der hl. Basilius und der hl. Gregor von Nazianz (+ 390).

Der hl. Hieronymus, größter Kirchenlehrer in der Auslegung der Heiligen Schriften, verfügt über eine Kapelle und einen maniristischen Altaraufsatz aus dem Jahr 1602, der Gaspar Oms zugeschrieben wird. Im Zentrum steht der hl. Mönch und Priester, nach der anachronistischen Phantasie der Renaissance mit dem Kardinalspurpur gekleidet. Im Obergeschoß sehen wir ihn als Eremit und Büßer in der Wüste.

Der hl. Martin von Tours (+ 397) war mit großem Glaubenseifer Mönch sowie Bischof und gehört zu den meistverehrten Heiligen des Abendlandes. Ihm sind ein barocker Altar aus dem 18. Jh. und eine Kapelle gewidmet. Im Zentrum steht die Szene der Mantelteilung, die der Heilige bereits als Taufanwärter an einem Armen vollzog, der sich als Jesus selbst entpuppte.

Der hl. Benedikt (+ 560), Vater der abendländischen Mönche, erhielt durch Schenkung des benediktinischen Bischof Dom Benet Panyelles (1730-1743) einen barocken Altar und eine Kapelle.
Der hl. Bernhard von Clairvaux

(+ 1153), manchmal "letzter der Kirchenväter" genannt, ist von früh an in der Kathedrale von Mallorca verehrt worden. Der jetzige Altar erhielt 1921 die Weihe. Juan Rubió hat ihn im Stile der gotischen Kapellen der Kathedrale entworfen: seine geringe Höhe erlaubte die Öffnung der drei Fenster im Hintergrund mit Glasmalereien von Darius Vilàs, die Lebensstationen des großen Mönchs und Reformators darstellen, wie sie auch in sechs Reliefarbeiten auf beiden Seiten des Altars neben anderen Ordensheiligen zu sehen sind.

Erwähnt werden sollen auch die Figuren der großen Kirchenlehrer aus der Scholastik, der hl. Thomas von Aquin (+1274) und der hl. Bonaventura (+1274). Beide gehören zum Martinsaltar.

Foto: Der hl. Ambrosius im Hauptportal

Foto: Der hl. Augustin im Hauptportal

Foto: Zentralfigur des Hieronymus-Altares

5. Heilige und Engel aus der Volksfrömmigkeit Mallorcas

Die Heiligenverehrung auf Mallorca nimmt ihren Ausgang im Jahrhundert der Rückeroberung. Sie war damals schon sehr im mittelalterlichen Christentum verbreitet, als hier der christliche Kult erst wieder eingeführt wurde. Aber es sind sogar noch Ortsnamen aus christlicher Zeit vor der islamischen Herrschaft (903-1229) verblieben, die auf Heilige zurückgehen: Martin, Lorenz, Eulalia...

Führend in der Volksfrömmigkeit ist ohne Zweifel der hl. Abt Antonius (+356), der hochoben im Corpus-Christi-Altar im siegreichen Kampf mit den Dämonen gezeigt wird. Er ist nochmals zu sehen im Altar seines Namensvetters Antonius von Padua. Dort steht er zusammen mit dem hl. Paulus von Theben (+356), dem ersten Einsiedler überhaupt.

Der hl. Bruno (+ 1101), Gründer der Karthäuser, fand große Verehrung aufgrund der Klosterklause seines Ordens in Valldemossa. Eine von Adrià Ferrà mit bemerkenswerter Perfektion um 1812 gehauene Statue des Heiligen steht derzeit in der Kapelle links beim Eintritt vom Haupteingang. Eine weitere Skulptur des heiligen Einsiedlers finden wir im Altar von der Kreuzabnahme.

Der hl. Franziskus von Assisi (+ 1226) erlangte große Verehrung im Volk durch die seit 1230 einsetzende weite Verbreitung seines Ordens auf Mallorca. Im Dommuseum sehen wir zunächst Szenen aus seinem Leben auf einem Tafelbild des gotischen Altares (15. Jh.), der ihm und dem hl. Matthäus geweiht war. Sodann gibt es in der Corpus-Christi-Kapelle eine schöne barocke Darstellung des engelgleichen Ordensgründers, die ihn bei der Stigmatisierung zeigt. Schließlich sehen wir im Krönungsaltar ein Bild von seinem Treffen mit dem Gründer des Predigerordens, den hl. Dominikus von Guzmán (+1221), als sich der Überlieferung nach beide zur gleichen Zeit in Rom aufhielten.

Der hl. Raimund von Penyafort (+ 1275) steht in enger Beziehung zur Geschichte des Erobererkönigs von Mallorca. Er ist zusammen mit dem sel. Ramon Llull auf einem Gemälde von Guillem Mesquida in der Inmmaculata-Kapelle zu sehen. Desweiteren erscheint er auf einem barocken Medaillon im gotischen Kapitelsaal.

Der hl. Antonius von Padua, oder von Lissabon (+ 1231), einer der meistverehrten Heiligen der lateinischen Kirche, stand schon von alters her bei den Mallorquinern in großer Verehrung. Im 18. Jh. erhielt er auch in der Kathedrale eine Kapelle und einen Altar. Letzterer stellt in einem großangelegten Bild die Predigertätigkeit des heiligen Wundertäters dar.

Der hl. Raimund Nonnatus (+1240), Mercedarier, Befreier von Gefangenen und Anwalt der Schwangeren, ist als Statue mit einer Monstranz in der Hand in der Kapelle der Kreuzabnahme zu sehen.

Der sel. Raimund Llull (+1316), unweit der Kathedrale im Jahr 1232 geboren, bekehrte sich nach einem Leben als Höfling im Königspalast von Mallorca zum Glauben und ließ alles zurück,

Foto: Der hl. Antonius, Abt

um das Evangelium den Heiden zu verkünden und die Kirche zu erneuern. Er schrieb zahlreiche Bücher und trug seinen dynamischen Geist in die ganze Christenheit hienein, um die „heilige Sache" Christi voranzutreiben. Er ist der größte Sohn der mallorquinischen Kirche. In seinem Testament unterstützte er finanziell den Bau des Domes. Dort wird ihm heutzutage Verehrung gezollt im St. Sebastian Altar, in der Kapelle der Unbfl. Empfängnis, als deren eifriger Verfechter er auftrat, und im Gitter der Krönungskapelle. Schließlich ziert noch eine Statue des Seligen einen Turm der Hauptfassade (Skulptur von Guillem Galmés, Ende 19. Jh.).

Der hl. Vinzenz Ferrer (+1419), Prediger und Wundertäter, kam auf Einladung des Bischofs Lluís de Prades nach Mallorca, predigte in vielen Inseldörfern und in der Kathedrale. Ein Gemälde des Dommuseums erinnert an seinen Auftritt in der Kathedrale. Zwei weitere Bilder zeigen den hl. Verkünder in traditioneller Manier. Sie hängen in der Martins- und der Pietàkapelle.

Der hl. Franz Borgia (+1572), Herzog von Gandía, Schüler des hl. Ignatius von Loyola, verzichtete auf alles und trat in die Gesellschaft Jesu ein, deren dritter General er später wurde. Er war an der Jesuiten-Gründung Monti-Sion in Palma (1561) beteiligt. Im Altaruntersatz der Sebastiankapelle ist er zu sehen, wie er Ruhm und Ehre der Welt von sich weist.

Die hl. Catalina Tomàs (+ 1574), geboren in Valldemossa, Augustiner-Regularkanonissin im Konvent Santa María Magdalena in Palma, begnadete kontemplative Nonne und Ratgeberin, Parteigängerin des Bischofs Arnedo bei der tridentinischen Reform auf Mallorca, wegen ihrer Heiligkeit sehr beliebt und verehrt im ganzen Volk. Auf Gemälden wird sie dargestellt im Sebastianaltar und im Torbogen der Pietàkapelle. Als Skulptur von Guillem Galmés sehen wir sie an einem Turm der Hauptfassade.

Die hl. Theresia von Ávila (+ 1582), Reformerin des Karmeliterordens und Kirchenlehrerin. Die erste Weihe einer Kirche auf ihren Namen fand in Palma statt. Leser ihrer geistlichen Werke und ihr Orden machten sie auf Mallorca bekannt. Sie ist in einer Statue des dem hl. Josef gewidmeten Altars zu sehen, für den sie große Verehrung empfand.

Der hl. Alonso Rodríguez (+ 1617), Laienbruder der Gesellschaft Jesu, trat 1571 als Pförtner in Monti-Sion (Palma) ein. Autor mystischer Schriften und Meister des Gebets, starb er im Ruf der Heiligkeit. Das Volk verehrte ihn bereits vor der Seligsprechung als Schutzpatron Mallorcas. Ein Portrait von ihm hängt an der rechten Seitenwand der Sebastiankapelle.

Als Stadtpatron Palmas vereinigt der hl. Sebastian in seinem Altar weitere Lokalheilige Mallorcas um sich: Der hl. Petrus Nolascus (+1249), Gründer der Mercedarier. Der Überlieferung nach kam er vor der Rückeroberung durch Jaume I nach Mallorca, um gefangene Christen freizulösen. Der hl. Nikolaus von Tolentino (+ 1305), Fürsprecher in Zeiten der Pest. Der hl. Andreas Avellinus (+ 1608), Nothelfer gegen den plötzlichen Tod, und vormals einer der Schutzpatrone der Diözese.

Aller Heiligen wird in einem Glasfenster der Königskapelle mit dem Titel *Regina sanctorum omnium* (1982) gedacht. Zu sehen sind der hl. Josef, der sel. Juniper Serra, Judith, die hl. Elisabeth, der hl. Rochus, der hl. Antonius Abt, der hl. Petrus Claver, Ruth, die hl. Klara von Assisi und der hl. Dominikus Savio.

Eigens zu nennen sind die Glasfenster von Gaudí in der Königskapelle, eins auf jeder Seite der Dreifaltigkeitskapelle, sie zählen ohne Zweifel zu den besten der Kathedrale. Das mit *Regina confessorum* betitelte Fenster zeigt in bunten Bildern die spanischen Heiligen Isidor von Sevilla, Dámaso, Raimund von Penyafort, Raimund von Fitero, Vinzenz Ferrer, Dominikus von Caleruega, Ignatius von Loyola, Alonso Rodríguez und den König Ferdinand III. Im Fenster *Regina virginum* sind die hl. Jungfrauen vereint: Thekla, Eulalia, Katharina von Alexandrien, Katharina von Siena, Catalina Tomàs, Praxedis, Florentina, Rosa von Lima, Theresia von Ávila und Maria von Cervelló.

Darüberhinaus laden eine Vielzahl weiterer Darstellungen von Heiligen, die mehr oder weniger stark Verehrung auf Mallorca gefunden haben, in anderen Altären und Kapellen des Domes zur Andacht ein. In der Pietà-Kapelle sind zahlreiche Gemälde an den Seitenwänden und am Eingangstorbogen zu sehen. Dazu zählen die bisher noch nicht genannten Heiligen Christophorus, Kosmas und Damián, Stephan und Lorenz, Nikolaus von Bari, Klara von Assisi, Didacus von Alcalá, Franz Xaver, Aloysius Gonzaga, Stanislaus Kostka, Petrus von Alcántara –der als Statue auch oben auf dem Martinsaltar steht, Franz von Sales und Johannes Berchmans. Im Altaraufsatz der Pietà-Kapelle begegnen wir dem hl. Dominguito del Val, dem hl. Maginus, der hl. Katharina von Siena, dem hl. Ignatius von Loyola und dem hl. Philippus Neri.

In der Kapelle der Kreuzabnahme gibt es eine Darstellung von Johannes von Nepomuk, der auch in der Immaculatakapelle verehrt wird. Der dortige Marienaltar stellt daneben noch den hl. Petrus von Arbués vor.

Foto: Der sel. Ramon Llull

Im Corpus Christi Altar können wir außer den weiter oben erwähnten Heiligen noch zwei kleine Darstellungen von der hl. Christina und der hl. Nympha sehen. Im Altar des hl. Hieronymus sind die hl. Bibiana und die hl. Quiteria zu erwähnen. Die Titularfigur des Benediktaltares wird flankiert von der hl. Scholastika und der hl. Gertrud. Im Krönungsaltar haben wir Gemälde der hl. Margareta und der hl. Agnes, des hl. Erasmus (Elmo) und des hl. Wilhelm. Der Altar des hl. Antonius von Padua weist im oberen Bereich ein Flachrelieff der hl. Rosalia von Palermo auf.

Die Verehrung der Erzengel hat selbstverständlich auch ihren Platz in der Kathedrale. Bilder von Michael, Gabriel und Raphael zieren zusammen mit dem Schutzengel (18. Jh.) den Eingang der Pietà-Kapelle. Gabriel tritt daneben natürlich in allen Darstellungen der Verkündigung Mariens mit auf.

Besondere Erwähnung verdient der hl. Engel des Königreichs Mallorca, dem vormals auf Initiative der Ständevertreter die heutige Herz-Jesu-Kapelle gewidmet war. Im Obergeschoß des Altares ist noch ein Gemälde des Schutzengels von Mallorca verblieben, dessen Gedenken bis heute fortdauert im sog. Engelssonntag, dem ersten Sonntag nach Ostern. In der Hauptapsis, genau über der Dreifaltigkeitskapelle, durchbricht das Rosettenfenster *Regina angelorum* (Königin der Engel) die Rückfront: in jeder Öffnung ein Engelsgesicht. Mit ihm begann Gaudí 1904 die Gestaltung von Glasfenstern für die Kathedrale.

Nicht zu vergessen im Schmuckwerk der Kathedrale sind die Engelsfiguren, die belegen, wie sehr man von ihrer Mitwirkung in der liturgischen Feier ausging. In der hl. Kommunion vereinigte sich die irdische mit der himmlischen Kirche. Wie weiter oben bereits dargelegt, dienten Engel in ihren verschiedenen Darstellungen in der Liturgie als Akolythen oder als Musiker. Sechs kandelabertragende Engel umstanden den Altar zu Füßen des Bischofsitzes.

Foto: Die hl. Catalina Tomás im Kirchenfenster *Regina Virginium* von Gaudí

Weihrauchschwenkende Engel gehören zum Dekor der Dreifaltigkeitskapelle und assistieren dem Bischof nahe seiner Kathedra. Gaudí stellte sie auf Säulen mit gußeisernen Kerzenhaltern. Wie auch schon erwähnt, plazierte der Architekt und Restaurator 1904 auch vier musizierende Engel an die vier Ecken des Hauptaltars. Eine Schar von teils musizierenden teils beweihräuchernden Engeln laden die Gläubigen am Mirador-Seitenportal zur Teilnahme am Gottesdienst ein.

Foto: Kirchenfenster *Regina Confesorum* von Gaudí

Foto: Abbilder der Tugenden in der Höhe des Corpus-Christi-Altars

VI. Den Glauben und die Liebe verkünden und leben

Betrachten, erleben und feiern wir in der Kathedrale - umgeben von Heiligen, Bekennern und Fürsprechern - die Geschichte unseres Heils, so ergeht uns daraus auch der Auftrag, das hier in sakramentaler Einheit der christlichen Glaubensgemeinschaft unter Vorsitz des Bischofs und anderer Geistlicher Verkündete hinauszutragen in Stadt und Welt. Aus der Feier der Eucharistie erwächst uns vor allem die Kraft, unser Leben in Glauben, Hoffnung und Liebe zu führen.

Die christlichen Grundtugenden gehören selbstverständlich auch zur Ikonographie der Kathedrale. Die drei großen theologalen Tugenden bilden den krönenden Abschluß des Corpus-Christi-Altares: Die Liebe an höchster Stelle als Mutter, die ihre Kinder umarmt. Dann der Glaube mit Kreuz und Kelch der Eucharistie. Und schließlich die Hoffnung mit dem Anker der Erlösung. Der verkörperte Glaube krönt auch die Grabstätte des Bischofs Bernat Cotoner in der Herz-Jesu-Kapelle.

Zwei weibliche Figuren stehen oben auf dem Altar der Inmmaculata: Sie stellen die Unbeflecktheit dar, die so strahlend in der Person der Jungfrau Maria zur Geltung kommt.

Im Altar des hl. Antonius von Padua sind die beiden Tugenden Tapferkeit und Mäßigung dargestellt. Schließen wir mit der Botschaft der brüderlichen Liebe, die uns in sehr gelungener Weise in dem großartigen Tafelbild vom

Foto: Almosen-Tafelbild

Almosentisch nahegebracht wird, das Joan Desí um 1520 gemalt hat. Hier werden Sinn und Geist augenfällig, mit dem die Kathedrale, in Gestalt ihrer Geistlichen und Gönner, Nächstenliebe übte an den Armen, die um milde Gaben nachfragten. Es ist Jesus selbst, der Herr, der festlich mit einem Überwurf bekleidet Almosen austeilt an zwei bedürftige Männer und Frauen und dabei liebevoll seine Hand auf den Rücken des Armen zu seiner Linken legt. Das Almosen wird von einem Domherrn und einem Domvikar bereitgestellt, die es wiederum von reichen Gönnern erhalten – sechs Taler davon liegen unter dem Tisch. Der Bezug zum Evangelium liegt auf der Hand. Der Herr sagt: Was ihr für einen meiner geringsten Brüder getan habt, das habt ihr mir getan (Mt 25, 40).

Die Kathedrale von Mallorca,

IKONOGRAPHIE DER KATHEDRALE VON MALLORCA Bilder des Glaubens